新视界

始于未知　去往浩瀚

大国投资

于智超 著

时代赋能与区域经济均衡发展

上海远东出版社

图书在版编目（CIP）数据

大国投资：时代赋能与区域经济均衡发展 / 于智超著. —上海：上海远东出版社，2024
ISBN 978-7-5476-1988-9

Ⅰ.①大… Ⅱ.①于… Ⅲ.①投资－研究－中国 Ⅳ.①F832.48

中国国家版本馆 CIP 数据核字（2024）第 055106 号

出 品 人 　曹　建
责任编辑 　季苏云
封面设计 　徐羽心

投资新视界丛书

大国投资：时代赋能与区域经济均衡发展

于智超　著

出　版	上海远东出版社
	（201101　上海市闵行区号景路159弄C座）
发　行	上海人民出版社发行中心
印　刷	上海颛辉印刷厂有限公司
开　本	890×1240　1/32
印　张	9.5
插　页	1
字　数	179,000
版　次	2024年5月第1版
印　次	2024年9月第2次印刷
ISBN	978-7-5476-1988-9/F·727
定　价	78.00元

前　言

"重剑无锋，大巧不工"，中国人的精神就是中国的精神。"侠之大者，为国为民"，国之大者，投资以人。

中国人喜欢独立自主的潜行和突破，更喜欢与人为善的紧密协作，笔者觉得这最能够体现中国人不服输的韧劲和不想被人恶意操控的大国精神。中国并非缺少创新，也不是不得不创新，而是想要在紧赶慢赶中不落后于别人，不想躲在创新后面，也不想因为创新而去嘲笑、诋毁和要挟别人。我们有蒸蒸日上的新能源产业，新能源汽车、光伏、风电都已经建成全球范围内体系最全、质量最好的产业链；高铁、C919大飞机、载人火箭和空间站、挖泥船、航空母舰等都已经让高端制造变成中国工业的代名词。"中国制造"不再局限于制做一双鞋、一件衣服、一个杯子这样低档易复制的产品。中国工业不再让人质疑我们还得靠"人口红利"，我们重视科技兴邦，注重为未来孵化战略新兴产业，注重稳就业和护民生，国家爱民如子，民爱国如家。

历史的车轮让中国崛起，科技的翅膀让中国腾飞。大国投资需要深谙投资逻辑，只有先壮大行业，夯实发展底座，才有可能从中孕育出能够屹立于世界企业之林中的强者。中国人是勤劳聪慧的，中国企业也是善于把握商机的。国家要做的就是鼓励和支持，提供良好的营商环境、良好的教育和研究条件，吸引人们创业、就业，为社会创造出更多的财富。

大国投资需要懂得投资人才，也要懂得投资产业，更要懂得投资民心，"人心齐，泰山移""众人拾柴火焰高""兄弟齐心，其利断金"，更别说耳熟能详的"团结就是力量"了。大国投资纷繁复杂，不但要考虑到货币通胀、利率、汇率等要素，还要对房地产、硬科技、前沿科技、教育培训、"三农"行业等进行不同程度的投资判断，储备人才，才能保证各行各业能在投入产出比上大获全胜。大国投资不是零星的撒胡椒盐，而是集中力量办大事，比如鼓励持续为新能源电动车提供补贴直至市场来"接班"，比如对氢能全产业链进行补贴鼓励。大国孵化的是一条条新赛道，赛道上的跑车是每个富有激情的创业者和前途未卜却一往无前的科技企业。只要领悟企业与国家的关系，企业对于国家的依赖和回馈就会形成良性互动的闭环。

中国要让绿水青山再现，也要让金山银山出现在我们身边。

人与自然的和谐发展才是社会主义市场经济绿色发展的新篇章，尊重自然、爱护自然，自然也会回馈人类。大国的责任感体现在"3060"的承诺，体现在"一带一路"倡议汇聚人心、广结朋友的执着，体现在与"南南"相连的国际交流，体现在与欧美互利共赢的期许。

和谐发展是中国永恒的主题，但在复杂的国际关系面前，国与国之间的竞争并不限于表面上的反倾销、反补贴、制裁与反制裁等手段，更多的是国家综合实力的比拼，囊括了所有产业链。国内外双循环成为我们必须遵循的经济规律，国内统一大市场让内循环的实现变得更加容易，"一带一路"倡议为外循环打开了一条"绿色通道"，内生动力的勃发能够激活以国内市场和科技为主导的全球供应链组建。看似事不关己，其实都是一条条此消彼长的脉络，若能层层登高，何必步人后尘。正因为曾经的我们落后了，国家才需发奋追赶。两条赛道上，名落孙山的滋味并不好受，只能一步一个脚印，不时加快脚步，夜以继日地向前奔跑。

国家的一小步，是个人生命的一大步，也可能是一个人的一生。身边产业的兴衰都会事关国运，国家的每一个决策都事关个人。如果说蝴蝶效应每天都会发生，那么国家就是一只大蝴蝶，翅膀下忽闪着的14亿多只小蝴蝶则随着国家的翅膀起舞翻飞，随着大蝴蝶的驻足而休息，随着大蝴蝶的加速而更上一层楼。无论你是否愿意，蝴蝶都在那里；无论国家是否愿意，你都在国家的翅膀下。百般呵护的同时，国家更不希望任何一个人掉队落伍，它不会在未来等你，因为怕等不到你；它只想在飞行中与每个国人一路同行。

在这个属于中国的时代，我们要成为冠绝时代的中国人，与国家双向赋能。在一区之内，要精心谋划发展；在一行之内，要引领行业兴起；而在国家层面，我们更要谋求区域的均衡发展，不偏不倚，以实现区域经济协同并进，最终让人民实现共同富裕。

无论如何，中国是我们的中国，我们是中国的我们。

于智超

2024 年 1 月于北京

目　录

前言　　001

第一章　央地协同：全球布局与区域发展　　001
　　央地综合调度，不搞内耗型投资　　003
　　中央企业的全球布局　　011
　　央地协同发展基金以投资促区域发展　　017
　　"一带一路"倡议为央地融合提供最佳契机　　023

第二章　能源时代：能源结构与能源安全　　029
　　投资传统能源不落伍，夯实能源安全稳定器　　031
　　能源结构渐行渐变，投资"风、光、核"是王道　　042
　　储能成能源安全调节器，投资电网的有益补充　　050
　　科学开发"城市矿山"，回收促成再生资源自循环　　056

第三章　国之重器：航天科技与船舶工业　　065

　　航天领域拒绝太空"卡脖子"　　067

　　空、天、地一体化鼓励卫星产业，国进也需民进　　073

　　商用大飞机独步千里赶英超美　　079

　　跟陆空齐发而至的大国重器——船舶制造　　086

第四章　大基建：智慧交通与经济复苏　　093

　　"新基建"为主，"老基建"为辅，助力经济复苏　　095

　　全智慧交通产业链值得下重注　　101

　　全国统一大市场适配交通强国　　106

　　大国贸易始终都在博弈　　112

第五章　环境、社会和公司治理：绿水青山与绿色金融　　119

　　实体企业的ESG常态化实干出"绿水青山"　　121

　　ESG开创绿色金融新局面　　129

　　空气、土壤、水"净化"的每一步路都算数　　135

第六章　新时代：时代赋能与强国建设　　141

　　"人口红利"　　143

　　"意见领袖"　　149

| | "第四次工业革命" | 155 |
| | "金融强国" | 161 |

第七章　数字经济：数据资产与网络安全　167

　　算力底座决定大模型能走多远　　169

　　网络强国战略缔造下一代互联网　　175

　　网络安全攻防得当，把时刻存在的威胁挡在门外　　181

　　数据资产是全民财富的兑换券　　186

第八章　软实力：元宇宙与数字化教育　193

　　非物质文化遗产的商业化传承之路　　195

　　元宇宙爆发猝不及防又在意料之中　　201

　　电子游戏是虚拟科技的摇篮　　208

　　数字化教育让名师教得"越来越远"　　214

第九章　前沿科技：科技战略与机器人时代　221

　　科技战略是大国第一战略　　223

　　大力拥抱"第二次量子革命"的到来　　232

　　推进无人驾驶，重塑生命质量和生产效率　　239

　　勇往直前迎接机器人时代　　246

		芯片功能化革新永葆科技最前沿	252

第十章　均衡发展：粮食安全与健康中国　　259

　　打造体育强国、提高国民身体素质是最好的投资　　261

　　投资带来高质量医疗服务、医疗资源扩容和区域均衡发展　　267

　　粮食安全将带来绿色"新三农"投资机遇　　275

　　全国统一大市场促进消费与投资的良性循环发展　　280

附录　　287

后记　　292

第一章

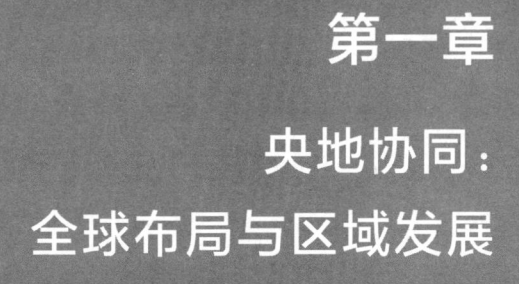

央地协同：
全球布局与区域发展

在"全国一盘棋"的情况下，各地不可能整齐划一，中央的作用在于统筹地方产业、人才等资源，协调完成全国发展大战略。各地经济发展有好有坏，中央应该站在更高的层面，对地方产业进行指导或者引导，能够让地方"尽其用"，促进每个地区走出一条特色发展的道路。

"一带一路"是各地打开外延发展的绝佳机会，它不只是带来产业输出，还能够输出产品和文化，增强地方在世界各国的影响力。由中央企业勇立潮头，各地国企和优势企业随后跟进，不但能够低成本、低风险地走向世界，还能够寻找适合中国的先进技术和国外优势产品，将其引进国内，实现国内外市场的双向循环，为中国经济注入新动力。

央地综合调度，不搞内耗型投资

内卷必然造成内耗，内耗无益于我国经济发展，中央政府需要结合各地情况，进行综合调度，真正实现区域平衡发展。

大国投资需要按照内循环的逻辑运行。习近平总书记在党的二十大报告中指出，"增强国内大循环内生动力和可靠性，提升国际循环质量和水平"，明确了中国经济循环的战略方向，引领经济持续高质量发展。我国各个区域发展的逻辑各不相同，包括依托地理区域发展起来的长三角、珠三角超大城市群，靠着政策扶持发展起来的西部城市群和正在重新崛起的东北三省城市群，以及通过调节平衡发展起来的京津冀协同发展城市群。如今，各地主政者都在围绕业已形成的优势产业和核心产业，不断"强链、补链、延链",提升区域竞争力和对企业、人才的吸引力。招商引资如果是一个行业,那必然是一片红得发紫的"红海",内卷出来的区域经济并非都是要拉拢最适配的产业和企业,不管企业属于哪一类行业、处于哪个发展阶段,都要全力引入,"狼性"招商会引发各地域新的GDP争夺战。

全国各地客观的区域优势不再赘述,主观上的各种举措才是内卷出格的硬道理。"软硬兼施"是各地对企业的通常做法,"软"包括事必躬亲的服务态度与亲和为民的营商环境,"硬"则包括通过财政对企业和人才的真金白银的政策补贴和奖励。"软硬兼施"考察的是各地域的综合实力,东南沿海城市群是最有资格用实力说话的城市群,"家有梧桐树,自有凤凰来"代表的正是这类城市群的心态。在他们眼中,来是企业的收获,不来是企业的损失,事实也是如此。"马太效应"在这个领域展现得淋漓尽致,越发达就会越来越发达,越落后就会越来越落后,因此,国家需要出手对"GDP拼刺刀"引发的"客商争夺战"进行必要的政策引导和行政干预。

国家的区域平衡发展,不仅要看区域经济差距逐渐拉近距离,还要看各区域间协同配合后达到 $1+1>2$ 的效果。地方主政官员也应换位思考,立足"全国一盘棋",明白"牵一发而动全身",政令既出便会有回响。中国的城市发展,见证了历史的变迁,续写着新时代的辉煌篇章(见表1-1)。国家允许出现超大城市群的原因，是因为地理位置和历史渊源无法改变，不如顺其自然，不遏制发达地区的自由发展，又适当对周边区域的共同发展进行调节，真正实现围绕一个"富裕"核心区域，带动"后富"的周边区域，以点带面，逐步扩大影响范围。另外，通过对口帮扶，发达城市将优秀的官员、教师、医生等专业人员，相关产业、行为和思维方式、教育等输出到欠发达城市。

表1-1　2020年中国城市规模分级表

城市层级	城区人口规模	数量	代表城市
超大城市	超过1 000万	7	北京、上海、广州、深圳、重庆、天津、成都
特大城市	500万—1 000万	14	武汉、东莞、西安、杭州、佛山、南京、沈阳、青岛、济南、长沙、哈尔滨、郑州、昆明、大连
Ⅰ型大城市	300万—500万	14	南宁、石家庄、厦门、太原、苏州、贵阳、合肥、乌鲁木齐、宁波、无锡、福州、长春、南昌、常州
Ⅱ型大城市	100万—300万	70	兰州、惠州、唐山、海口、徐州、烟台、洛阳、珠海、西宁、南通、银川、襄阳、昆山、泉州、芜湖等
中小城市	100万以下	500+	鄂尔多斯、韶关、阳江、阜阳、南阳、荆州、玉林、三亚、驻马店、内江、石河子、安庆等

注：数据来源于《2020中国人口普查分县资料》，表格由国民经略制作。

1996年10月，中央召开了扶贫开发工作会议，在《关于尽快解决农村贫困人口温饱问题的决定》中明确提出了对口帮扶政策。该政策要求北京、上海、广州、深圳等9个东部沿海省、直辖市和4个计划单列市对口帮扶西部的内蒙古、云南、广西和贵州等10个贫困省、自治区，双方应本着"优势互补、互惠互利、长期合作、共同发展"的原则，在扶贫援助、经济技术合作和人才交流等方面展开多层次、全方位的协作。2020年11月23日，贵州省宣布最后9个贫困县脱贫摘帽，至此，我国所有贫困县"清零"。现在看来，国内区域性脱贫离国家区域平衡发展路依然很遥远，笔者预测，未来省份区域经济结构将呈梯形分布。北京、上海、广东、江苏、浙江、山东等发达省、直辖市将持续在梯形顶部出现，大批的二线发达省份集中在"梯形"经济体腰部位置，还有一批有待后续发展起来的省份会在一段时间内保持在第三梯队，作为头部和中部梯队产业转移和人口转移的承接者。

划区域重点"撒胡椒粉"会让国家的经济"葱花饼"做得更加有滋有味，而简单地依赖发达城市的揠苗助长是短视的，不是明智的"授之以渔"之道。对此，国家通过各重点工作会议和历史节点的把握，对处于第三梯队的省份城市进行有针对性的重点帮扶，可以将先进的城市管理理念和干部先进思想传导下去。以这些重点节点为契机，引导资源流向重点区域，笔者称之为点对点的"经济拔高"，完全符合区域平衡发展的要求。以革命老区为例，2023年，国家发展改革委提出，为贯彻落实习近平总书记关于革命老区振兴发展的重要讲话和重要指示批示精神，落实《国务院关于新时代支持革命老区振兴发展的意见》和经国务院同意的《革命老区重点城市对口合作工作方案》有关要求，国家发展改革委指导赣州市与深圳市、吉安市与东莞市、龙岩市与广州市、三明市与上海市、梅州市与广州市、延安市与无锡市、庆阳市与天津市、六安市与上海市、信阳市与苏州市、黄冈市与宁波市、百色市与深圳市、巴中市与金华市、郴州市与佛山市、张家界市与南京市、恩施州与杭州市、遵义市与珠海市、长治市与北京市、汕尾市与深圳市、临沂市与济南市、丽水市与宁波市 20 对结对城市所在的省（自治区、直辖市）联合印发对口合作实施方案。

什么都没有改变，只是历史的使命改变了。过去，革命老区所处区域偏僻，交通不便，我党依托革命老区取得了革命的最终胜利，革命老区在我党最艰难的时期付出了几乎全部力量，精英人才大量参军到祖国需要的地方去，为新中国的成立贡献巨大。这种历史原因造成了当地各种基础设施不够现代化，产业发展基础薄弱，农业为主的产业结构无法实现当地经济快速发展。历史的车轮轮转，在国内经济饱受摧残、满目疮痍后需要快速发展恢复，改革开放以后，国家最先给予政策支持的是区域优势明显的东南沿海地区，外贸作为拉动经济发展的"三驾马车"之一，带来的效果尤为明显。为了使先富带动后富，集中力量让东南沿海成为先富起来的省份，投入此消彼长，也使革命老区进一步失去了发展的先机。不过，在国家区域平衡发展的需要下，革命老区人民的优良品质和经济转型的巨大潜力也成为其能够快速成长的基础。通过国家政策下发达城市的倾力帮扶，相信革命老区很快就能完成"经济拔高"的第一阶段，即现有产业完成转型升级，第二产业比重出现提升；随着时间的推移进入"经济拔高"的第二阶段，即大批发达区域人才和企业的导入，在保证国家粮食安全的第一产业维持稳定的同时，第二产业、第三产业稳步快速增长，最终实现三大产业的均衡发展。流动人口的增加也会形成小规模辐射效应，为周边区域带来相关产业集群的形成和人才的聚集。

东三省的崛起与没落也是历史的产物，曾经的工业重镇为国家作出了重大的贡献。据统计，1943年，东三省第二产业中占据了中国88%的生铁、93%的钢材、93.3%的电力能源和95%的机械设备生产。1945年，全中国工业总产值中，东北三省占比达到了85%，台湾省占10%，中国的其余地区总共只占到了5%。1960年后，我国提出了新三线大后方计划，至1979年止，东北三省向内陆省份累计迁移了200多个企业和单位、300多个国家级省级重点项目，输出了大量重工业设备和优秀人才。东北的再次崛起也是历史的必然，2003年10月，中共中央、国务院正式印发《关于实施东北地区等老工业基地振兴战略的若干意见》，东北振兴拉开大幕。2022年因俄乌冲突，俄罗斯被西方国家制裁，相当比例的国际贸易转向中国，东北三省获得了显著的发展机遇。在 2023 年第一季度，东北的 GDP 增速居全国首位，其中，黑龙江 GDP 增速为 5.1%，辽宁 GDP 增速则为 4.7%，两地自 2013 年以来首次高于全国平均水平，吉林省 GDP 增速高达 8.2%。2023 年上半年辽宁省 GDP 为 13 998.1 亿元，GDP 名义增长 6.26%，GDP 实际增长 5.6%，均高于全国平均增速。东三省一直在那里，兴衰变化只是因为历史的车轮改变了。

事是靠人做出来的，经济发达地区的人员到经济落后地区挂职时，可能会因为"硬件"基础设施建设的不完善而感到不适，同时也会因为"软件"方面，即人员思维方式不匹配而产生心理落差。正因如此，它也会激起人性的争强好胜之心，激发出挂职人员迅速组织匹配资源优化配置，结合当地实际情况和自身的人脉、资源、能力，为当地寻找可以带来转型和发展的一切可能。由此调动挂职人员的主观能动性，能够切实为当地的经济发展带来新生力量和内生动力。挂职时间越长，游走在两地的频次越多，越能够增强这种动力，越来越多的挂职干部在工作过程中，对事业的成就感越发强烈，满足感也日益增长，甚至决定留在当地任职，这也是一种全心投入、努力拥有和真心热爱的体现。大规模类似挂职人员的出现，可以改变经济落后地区的人才结构，带动当地政府公务人员的服务意识转变，提升医生、教师在内的专业人员的从业能力，真正实现当地人才队伍的锻炼和养成，为当地的长远发展生成核心动力。

综合调度源于国家领导层的高瞻远瞩，短期内改变不了靠资金、政策等招引的现状，不具备相关优势的地区就需要通过市场和资源来换取企业和人才的进驻。公司是逐利的，有想法在资本市场发展的企业需要订单来维持可持续经营能力，尤其是在冲刺IPO（公司首次公开募股上市）的前三年，每年对订单的需求量至少按照20%～30%的速度增长，在全国区域内寻找最有可能达成收入、利润双增长的优质客户。企业壮大之后便可以吸引更多优秀的人才，在当地形成企业和人才发展正向循环，"传帮带"效应也会引来一批相关产业链企业，完成产业集群的搭建，更有利于在规模化生产中降低交易成本和不确定性，同时优化产业链流程，吸引资金成本较低的供应链金融工具应用，提高企业信用评级，在股债金融工具支持下最终完成IPO。区域内增加上市公司数量或者规模以上公司主体，对当地财政收入和营商环境带来的影响大都是正面的，也能够为中央统一调度全国34个省、自治区、直辖市783个产业集群提供新的选择。科技兴国，央地协同发力，也需要统筹推进国际科技创新中心和区域科技创新中心建设，培养和挖掘科技人才，鼓励和支持高科技企业的成长，有力支撑世界科技强国建设。

中央企业的全球布局

据媒体统计，2022年有86家国资委监管企业跻身《财富》500强排行榜，它们在2022年的销售收益率、总资产收益率和净资产收益率均值为4.3%、0.95%和7.8%。近年来，中央企业注重通过股权投资、权益投资、长期合作等方式，扩充业务渠道，提升自身业务的国际竞争力，满足国内日益增长的技术、能源和产业需求。2012年5月1日，国务院国资委制定的《中央企业境外投资监督管理暂行办法》[①]（以下简称《境外投资管理办法》）正式实施。与2011年实施的《中央企业境外国有资产监督管理暂行办法》和《中央企业境外国有产权管理暂行办法》一起，成为央企对外投资最重要的三个"办法"，构成了国务院国资委对央企境外国有资产监督管理的制度体系。这三项制度的颁发对我国央企开展海外投资，大举实施"走出去"战略，培育具有国际竞争力的世界一流企业，具有十分重要的意义。

根据商务部发布的《境外投资管理办法》第二条所称的境

[①] 2017年1月7日，国务院国资委发布了第35号令，公布了《中央企业境外投资监督管理办法》，并明确自公布之日起施行。同时，2012年公布的《中央企业境外投资监督管理暂行办法》被废止。

外投资，是指在中华人民共和国境内依法设立的企业（以下简称"企业"）通过新设、并购及其他方式在境外拥有非金融企业或取得既有非金融企业所有权、控制权、经营管理权及其他权益的行为。央企境外投资流程比较明确，可以分为四步走。

第一步，发改委审批核准或备案。根据《境外投资项目核准和备案管理办法》（以下简称《核准和备案管理办法》）第七条的规定，中方投资额 10 亿美元及以上的境外投资项目，由国家发展改革委员会核准。涉及敏感国家和地区、敏感行业的境外投资项目不分限额，由国家发展改革委员会核准。其中，中方投资额 20 亿美元及以上，并涉及敏感国家和地区、敏感行业的境外投资项目，由国家发展改革委员会提出审核意见报国务院核准。根据《核准和备案管理办法》第八条、第九条的规定，除上述需核准的项目外，其他境外投资项目向发改委备案即可。其中，中方投资额 3 亿美元及以上境外投资项目，由国家发展改革委员会备案；中方投资额 3 亿美元以下境外投资项目，由地方发改委备案。对于境外投资项目前期工作周期长、所需前期费用规模较大的，如履约保证金、保函手续费、中介服务费等，企业可对项目前期费用申请核准或备案。

第二步，商务部审批核准或备案。商务部和省级商务主管部门按照企业境外投资的不同情形，分别实行备案和核准管理；企业境外投资涉及敏感国家和地区、敏感行业的，实行核准管理。企业其他情形的境外投资，实行备案管理。(《境外投资管理办法》第六条）对属于备案情形的境外投资，中央企业报商务部备案；地方企业报所在地省级商务主管部门备案。(《境外投资管理办法》第九条）

第三步，外汇管理部门登记。在获得国家发改委和商务部门的核准或备案文件之后，然后需要办理境外投资外汇登记。2015年2月13日，《国家外汇管理局关于进一步简化和改进直接投资外汇管理政策的通知》发布，文件取消了境外直接投资项下外汇登记核准行政审批，改由银行按照《直接投资外汇业务操作指引》直接审核办理境外直接投资项下外汇登记。因此，自2015年6月1日起，外汇局不再负责境外投资外汇登记事项，而只是通过银行对直接投资外汇登记实施间接监管。企业可自行选择注册地银行办理直接投资外汇登记。企业完成直接投资外汇登记后，再办理后续直接投资相关账户开立、资金汇兑等业务（含利润、红利汇出或汇回）。

第四步，国资委最后审批或备案。根据《国务院国有资产监督管理委员会关于加强中央企业境外投资管理有关事项的通知》第六条规定，属于企业主业的境外投资项目要报国资委备案，非主业境外投资项目须报国资委审核。

中央企业作为国家各个产业支柱的国家队，也是代表国内最强实力的行业尖兵，除了通过国家级渠道在外拓展业务和招引人才之外,还要通过投资手段在国外设立分支机构、收并购优质产业资产、与优势企业合资成立更具竞争力的平台等。中央企业按照行业划分为能源电力类、煤炭矿冶黄金类、石油化工类、建筑工程类、汽车类、航天军工类、钢铁机械设备类、运输物流类、旅游类、投资商业服务类、农业医疗盐业类和信息技术类,覆盖各行业门类。央企涉及国家安全、国民经济命脉和国计民生领域,营业收入占总体比重超过70%,身为各行业的龙头企业,在国内国际"双循环"新发展格局下,海外投资也成为央企在全球产业布局的"重头戏"。据国务院国资委资料显示,截至2022年5月,央企海外资产近8万亿元,分布在180多个国家和地区,项目超过8 000个。比如,2002年宝钢集团通过股权投资,拥有与力拓集团合资组建的宝瑞吉矿山公司项目46%股权,项目设计年产铁矿石1 000万吨,全部销往中国市场;2006年中国海洋石油总公司通过权益投资,获得澳大利亚WA-301-P、WA-303-P、WA-304-P和WA-305-P四个海上天然气区块各25%的权益等;截至2023年,中粮集团全球农粮经营量达1.8亿吨,整体年中转能力近7 500万吨,加工能力近9 000万吨,已建立起连接140多个国家和地区的贸易通道。

央企"走出去"要在几个方面下功夫:一是要发挥自身优势,利用在国内产业发展的供应链优势、成本优势和人才管理优势,因地制宜,因时制宜,结合海外各国的实际情况,建立相适应的企业制度和流程。二是要加大本土金融企业出海与央企做好资本与产业配合的工作，不但要利用本土金融企业对国内总部的授信和熟悉度，也要加强与投资所在国当地的金融机构的联系，更接地气地应用各种金融工具支持业务拓展和海外技术研发。三是要活学活用当地法律和政府政策，在与当地华侨、政府部门、第三方服务机构尽快熟悉的过程中，找到能够有利于产业生根发芽的优势，借此可以带动一批相关央企在当地拓展业务，扩大央企在其国家的影响力，以期获得更有利于业务发展的政策支持。四是要明悉当地政府的诉求，在促使当地产业结构多元化的基础上，对当地人才的招聘、投资总额的加大、税收的上缴都会成为央企在当地顺利开展业务的依仗。五是要在国内对海外资产投资和管理进行严格监督，不能因为急于拓展业务而破坏国家的各项法律法规和办法，要在保证国有资产保值增值的基础上，坚持投资流程合规，投资尽职调查详尽，投资人员廉洁且保持高职业素养，同时也要考虑尽量用市场化的激励机制，奖惩有道，让央企从业人员和海外聘用人员保持工作积极性。

央企除了上述全球的产业布局之外，还可以设置海外并购基金，用基金进行海外投资可以规避掉某些国家对当地高新技术企业的股权投资限制，如为有效应对美国外国投资委员会（CFIUS）审查，可以将标的公司控制权及相关知识产权、管理团队和品牌渠道转移至国内，弥补国内技术空白，快速提升我国高科技领域的科研实力和技术水平。通过跨境资本运作推动产业升级和技术跨越，帮助我国在重要战略领域和核心产业实现弯道超车具有重要战略意义。央企海外并购基金应当专注于收购具备中国协同效应的海外高科技企业，弥补国内关键技术空白，联通国内外产业节点，帮助央企提升技术实力，促进产业链价值升级。央企可以遵照当地的法律法规，按照基金的投资方向和范围选择国外本土的优秀团队，作为基金的普通合伙人（GP）和管理人，承担海外并购基金的日常管理、项目挖掘和论证、项目投资决策和执行、项目投后管理和退出的执行、基金投资收益的核算和分配等。央企可以派员加入海外并购基金的管理公司，作为高级管理人员参与海外并购基金的日常事务，并定期向央企投资公司总部汇报情况。海外并购基金并购的企业，将优先选择央企推荐的人员进入其董事会，参与并购企业的经营和管理。

央企海外并购基金的核心优势在于其凭借央企强大的股东背景和资金实力以及在国内外的产业影响力，将海外先进技术、管理经验与中国巨大的市场需求相结合，实现中国协同效应，为中国产业升级贡献力量的同时实现可观利润回报。按照央企海外并购基金的定位和策略，在全球获取和配置资源，为中国的社会经济发展、产业转型升级、技术进步提供机会和执行投资。优先考虑技术先进性、获利机会等因素，央企海外并购基金可以精挑细选行业领先、技术先进、有巨大中国协同效应并估值合理的成熟上市公司标的。在投后 2—3 年内，通过对接国内央企或民营资本，提高市场占有率，加快在新兴领域的增长，推动国内产业政策和行业标准建立，最终促进标的公司先进产品和技术在国内的广泛应用，拓展受资企业的中国市场提升其经营业绩是财务收益的重要来源。首选的退出途径为被中国央企收购及向央企转售股份；或通过市盈率水平较高的中国资本市场上市；或通过央企旗下上市公司定向增资后共同进行海外收购，锁定退出渠道。对于政府审查（如美国 CFIUS 等）可能存在障碍的部分标的，以及早期投资项目（多元化的股东结构，无法在境内上市），可以选择在海外资本市场 IPO 退出，获取业绩改善和通过中国协同效应带来的回报；依托央企的战略协作和政府资源，可以直接将被投公司溢价出售给国内的央企或民营公司，实现快速退出。该退出策略同样适用于将被投公司部分非主营业务或资产分拆出售，提前回笼资金，降低财务风险。

央地协同发展基金以投资促区域发展

2023 年 9 月 7 日，习近平总书记主持召开新时代推动东北全面振兴座谈会时强调，创新央地合作模式，促进央地融合发展，更好带动地方经济发展。推动央地融合，优势互补、携手共赢，既是东北地区实现全面振兴新突破的关键举措，也为更多地区构建具有自身特色的现代化产业体系提供了路径。2023年2月，国务院国资委印发的《关于做好2023年中央企业投资管理 进一步扩大有效投资有关事项的通知》指出，中央企业要服务国家中长期发展规划、行业专项规划和区域发展战略，扎实推动"十四五"规划明确的重点项目落实落地。围绕服务国家区域协调发展战略、区域重大战略，推进优势互补的央地合作，优化重大生产力布局。

央企也是企业，企业是以营利为目的的。央企作为各行业的龙头企业，全球资源配置优势明显，央企在地方区域拓展自身业务时，可以与地方平台合作成立央地协同发展基金，其中包括市场化产业母基金和直投基金，按照政府引导、市场运作、权责匹配、利益共享、风险共担、产融一体、全球整合的思路，进一步发挥央地产业在智能制造、新能源新材料、新一代信息技术、医疗健康等战略新兴重点产业的相关优势，组建基金的主要目的是让央企龙头企业及时跟踪国内外的新技术与新模式，结合当地优势产业特色，强化创新源头供给。在基金运行机制上充分激活产业平台，建立产业投融资机制，充分合理利用国家和地方政策资源与社会资本的杠杆。央企通过与地方联合基金的组建，实现全球产业链在国内优势区域的进一步整合，通过基金投资与企业投资的联合,建立一套投资与融资链条体系,实现项目与资金相结合,创新与创业相结合,产业集聚与产业转型相结合,线上与线下相结合,孵化与投资相结合,促成供应链、数据链、产业链、创新链、资金链、服务链、人才链全面深度结合。

央地协同发展基金在多个方面发挥着重要作用:一是可以通过对该区域内产业链上下游企业进行收购、兼并、战略投资等方式,做大做强区域产业链企业。拓展区域产业链上下游业务,通过孵化、股权投资、并购等方式对区域外产业链企业进行整合,延伸和做强区域产业链,以此达到自身产业与当地及区域外产业资源紧密融合的目的。二是可以围绕基金出资央企主业或新业务转型,进一步壮大龙头企业在全球范围内的行业地位。央地协同发展基金可以在产业内企业资源合作成立子基金,搭建开放的联合投资平台,从而导入国内外市场资源,快速帮助投资企业发展;围绕龙头企业产业或企业相关的新技术、新模式、新材料,进行业务拓展;在母子基金成员外部开展信息、人才、资本、技术、管理、项目、研究等方面的交流与合作。三是对成员企业战略投资,通过多种形式支持企业发展。以母基金方式投资央企旗下上市公司单独设立的子基金,或者以跟投投资基金的形式,直接投资企业投资的项目;也可以发挥基金的市场灵活性,投资基金出资企业的上市、定增、夹层投资、可转债、股债结合以及国内外基金业协会明确允许的其他投资产品。

在项目挖掘方面,央地协同发展基金要秉承不追逐市场热点,不盲目争抢热门标的,要切实挖掘央地结合的产业基础和优势,投资标的的甄选标准大致包括:(1)拥有行业领先或产业链核心的技术,拥有自主创新等核心竞争力,并且能够将技术发挥出市场价值。(2)在细分领域内面临一定的竞争,依靠央地协同发展基金等有限合伙人的产业资源实现协同效应,占领更大市场份额。(3)有成熟的产品,在国内或国际盈利潜力巨大,在投资期内营业收入呈现上升趋势。(4)在同行业竞争中具有一定的门槛优势,拥有渠道或规模优势。(5)细分领域在国内标的稀缺,与央企等央地协同发展基金合作方能形成显著的协同效应。(6)现有股东/管理层对产品前景充满信心,同时对于市场发展可能出现的问题能够提出可行的解决方案。(7)能够与央地协同发展基金紧密合作,与其他项目之间存在多种合作方式的可能性,方便进行投后管理。(8)市场估值偏低,能够以合理的价格进入,并且能够设计相对明确的退出方式。

央地协同发展基金可以大比例参股或者控股被投公司,该类公司或为当地公司或为全球范围内投资并引入的公司,凭借市场化招聘来的在知名机构从事风险投资、投资银行、企业管理、财务法律等丰富经验的团队,盈利模式从业务重组和投后管理来获得:(1)管理改善。通过管理层股权激励,为其设置合理的 KPI，根据业务需要裁撤冗余部门，在全球范围内优化资源配置，降低成本费用，提升业绩。（2）资本结构优化。分拆非主营业务，回收现金，利用股东资源改善债券评级，进而降低资金成本；适当提高财务杠杆，最大化股东回报。（3）新产品研发。在基金的支持下，加大研发投入，定位长远，覆盖新的市场领域，实现业绩可持续增长。

央地协同发展基金并非一定投资于拟上市公司股权，可以结合当地资源优势，利用央企的股东背景和行业影响力，充分挖掘提升资源利用率。比如，央企结合四川锂矿资源禀赋，利用自身的矿石提锂技术储备和丰富的客户资源，争取对锂辉石矿所在少数民族区域的优惠政策，优选规模大、品位富、矿种多、埋藏浅、选矿性能好等特征的锂辉石矿进行投资开采，全面降低锂电行业成本。同时就地对四川本地的新能源产业园进行投资转型升级，与央企投资公司投资的新能源相关企业产生协同效应。此类投资必然会与央企旗下上市公司发生协同效应，构成上下游产业链关系，其在关联交易公允性有保证的情况下，会强化央企产业链，锂保供保价格可以让央企关联企业受益，最终基金的退出方式无论是被央企上市公司收购，还是被当地国有上市公司收购，都能够获得不错的效益。

民间投资是央地协同发展基金不可或缺的主力军，2022 年民间投资增长 0.9%，2023 年，国家发改委专门设立民营经济发展局，作为促进民营经济发展壮大的专门机构，为民营经济发展营造更优质的环境。同时，中共中央、国务院及相关部门陆续发布了《关于促进民营经济发展壮大的意见》《关于进一步抓好抓实促进民间投资工作　努力调动民间投资积极性的通知》《关于实施促进民营经济发展近期若干举措的通知》等重磅文件。民营资本会发现央地协同发展基金在央企和当地国企的加持下，对产业链的把控能力、人才的调动选配能力、资源的优化配置能力、项目甄选的判断分析能力、为被投企业赋能的落地能力上面都有不可比拟的优势。因此，对于这类基金而言，民营资本挤破脑袋也要进来。自从"中植"等第三方财富机构不断"暴雷"，作为类金融机构投资人的民营资本数量不断减少，能够以大额投资作为 LP 介入基金的主题越来越以实体企业为主，如果央企和地方国企的主营业务与这些民营企业有上下游关系，那么就可以在出资前对供应链资金成本和订单提出要求，并以此作为条件来确定在基金内的出资额度。这样，不但能够调动民营企业做资产管理的积极性，更能够提高生产效率、降低生产成本，以投资来反哺主业。

　　央地共同发展同样欢迎外资的参与，许多美元基金对物流地产感兴趣，通过投资这些地产，能够为地方物流提供较好的服务。比如截至 2023 年 7 月，普洛斯中国收益基金Ⅷ募集到了52 亿元，友邦保险（AIA）以及安联保险集团（Allianz Group）

也是该基金的投资人。该基金主要投资现代仓储物流设施的开发、运营及退出等业务，通过资本运作形成闭环，轻资产运作。截至2021年年底的年报数据显示，普洛斯在中国累计投资、开发、管理400多处物流仓储、制造及研发、数据中心及新能源基础设施，资产管理规模达720亿美元。它作为美元基金也可以说是为我国的物流交通事业作出了贡献。

因此，国有及社会资本被调动起来后，完全可以把各自的优势全面发挥出来，共同为被投企业深度赋能，保证央地协同发展基金能有较高的投资收益，对所有基金的LP都有一个满意的交代。

"一带一路"倡议为央地融合提供最佳契机

2013年9月和10月，习近平总书记分别提出建设"新丝绸之路经济带"和"21世纪海上丝绸之路"的合作倡议。"一带一路"（The Belt and Road，缩写B&R）是"丝绸之路经济带"和"21世纪海上丝绸之路"的简称，总共圈定了18个省、自治区、直辖市，其中，丝绸之路经济带圈定的有：新疆、重庆、陕西、甘肃、宁夏、青海、内蒙古、黑龙江、吉林、辽宁、广西、云南、西藏13个省、自治区和直辖市。"21世纪海上丝绸之路"圈定的有：上海、福建、广东、浙江、海南5个省和直辖市。"一带一路"是指依靠中国与有关国家既有的双多边机制，借助既有的、行之有效的区域合作平台，"一带一路"旨在借用古代丝绸之路的历史符号，高举和平发展的旗帜，积极发展与合作伙伴的经济合作关系，共同打造政治互信、经济融合、文化包容的利益共同体、命运共同体和责任共同体。

"一带一路"的"朋友圈"联动非常紧密，"一个好汉三个帮，一个篱笆三个桩"，我国推行"一带一路"共同发展既有深刻的历史渊源，也有综合利益的考量，政治意义和经济意义巨大。毛泽东同志说过，"所谓政治，就是把朋友搞得多多的，敌人搞得少少的"。"一带一路"可以提升中国国际影响力，获取交到更多朋友的契机。据统计，2013年至2022年，我国与"一带一路"共建国家货物贸易额从1.04万亿美元扩大到2.07万亿美元。2023年6月，"一带一路"沿线国家占我国出口的份额已经超过美欧日。截至2023年9月，我国已经与全球150多个国家，30多个国际组织签署了230多份共建"一带一路"合作文件。2023年，国务院新闻办公室发布的《共建"一带一路"：构建人类命运共同体的重大实践》白皮书指出，"一带一路"倡议是一个长周期、跨国界、系统性的世界工程和世纪工程，共建"一带一路"的第一个十年只是序章。

2023年10月17日至18日,第三届"一带一路"国际合作高峰论坛成功举行,多国领导人出席,150多个国家代表参加,庆祝"一带一路"倡议提出十周年。习近平总书记在开幕式主旨演讲中,宣布中国支持高质量共建"一带一路"的八项行动,包括构建"一带一路"立体互联互通网络、支持建设开放型世界经济、开展务实合作、促进绿色发展、推动科技创新、支持民间交往、建设廉洁之路、完善"一带一路"国际合作机制八项工作。

"一带一路"带来的效益是显著的,我们的人才、技术、产品、服务、资金要走出去,在多位发展中国家的"一带一路""朋友圈"中,我国给这些国家的经济发展也带来了驱动力。要持续推进发展,首先就是保证道路要畅通,信息要联通,电力也要跟得上,修路架桥等项目被称作"基建狂魔",这也是我们驾轻就熟的"手艺"。要以"六廊六路多国多港"为基本架构,形成"陆海天网"四位一体的互联互通格局。铁路、公路、桥梁、港口、码头、4G基站、发电站、电网等都要从头做起,对之前的基础设施进行改造,输入新的基建技术,建设新的基础设施,中老铁路、雅万高铁、匈塞铁路、比雷埃夫斯港都是非常突出的明星基建项目。除了央企中建、中交建、中铁建、中电建之外,许多地方国有建筑企业在"一带一路"的基础建设中也贡献了不小的力量。基建项目能够给当地政府带来税收和大批就业岗位,据公开资料显示,截至2023年年中,"一带一路"倡议已开展3000多个合作项目,为沿线国家创造了42万个就业岗位。大大减少了当地任内政府的经济发展压力，一定程度上为保障当地社会稳定作出了贡献。大国的影响力可以通过高科技交通工具彰显，印度尼西亚雅万高铁在 2023 年 10 月 17 日正式开通运营，也是我国的高铁出口造福"一带一路"国家印尼的里程碑。当前，我国基建已经处于缓慢发展阶段，"一带一路"的新建设浪潮需要大量的劳务输出，也提升了我国的就业率；支持提倡用人民币进行结算，也提升了人民币全球化的进程。

中欧班列是"一带一路"倡议中的明星项目，据统计，截至 2023 年 9 月底，中欧班列已通达欧洲 25 个国家 217 个城市，累计开行超过 7.8 万列，运送货物超过 740 万标箱。运输货物品类在开行初期以数码产品为主，2023 年已扩大到 53 个大类、5 万多个品种产品。中欧班列的开通不但敞开了出口贸易的新渠道，还带动了中西部地区的大发展，以中欧班列和西部陆海新通道为联通，促使关中平原城市群、成渝城市群、北部湾城市群以贸易为纽带连成一片，新疆、湖北、四川、重庆、云南、广西等中西部省份相互联动，长江黄金水道横向协同。内陆地区通过努力，已经逐渐成为对外开放的前沿，新的陆海联运空间被打开。陆海联运是指先通过陆运，后通过海运，将货物从起运地运到目的地的联运方式，无论对进口还是出口，无缝衔接的陆海联运是让货物按照货主要求迅速到达客户的重要途径。2023 年上半年，我国中西部地区进出口总值同比增长 2.8%，高出全国整体增速 0.7 个百分点。按照第一财经研究院《跨越山海│"一带一路"倡议十年报告：新丝路共发展》总结的中欧班列三项优势：一是中欧班列的运输价格是航空的五分之一，运行时间是海运的四分之一，是一条全天候、大运量、绿色低碳的陆路运输新通道；二是中欧班列带动乌鲁木齐、重庆等中西部城市成为我国对外连接的新枢纽，带动了当地商业与产业的发展；三是中欧班列运行稳定性强，在特殊时期能发挥优势，例如在新冠疫情期间，中欧班列的运行保障了我国对外出口的增长。

笔者曾经对接过某央企林业 Z 公司在俄罗斯的托木斯克州的项目，按照业务发展需要，Z 公司承包了托木斯克州 50 多万平方千米的原始森林，用现代化的工具伐木，大大提高了生产效率，主要生产桐木、桦木等家具木材。同时 Z 公司也在当地建设了板材厂，投资也获得了当地州政府的认可，一方面可以增加产品附加值，另一方面还能更方便地运往国内，直接用于制作家具。当地州人口不多，Z 公司招聘的工人包括家属在内占了当地二十分之一左右的人口。由于选票集中，Z 公司也成为当地优质的招商引资企业，促进就业的同时享受了大批的优惠政策和补贴政策。俄罗斯地域辽阔，托木斯克州又地处偏远，过去 Z 公司运回板材都靠海运，路线是铁路运输到符拉迪沃斯托克（海参崴），然后利用海运优势，从符拉迪沃斯托克（海参崴）发船到广州等东南沿海港口，再经过陆海联运到各木材集散地。中欧班列开通后，也遇到了一些难题，比如从武汉到欧洲的列车多是满载出口，回国时列车多为空驶，无形中增加了很多成本，急需找到客户能够使用班列运货。基于此，笔者牵线搭桥帮助 Z 公司与中欧班列达成了合作意向，经过核算下来，可以每年节省几百万美元的运费，同时也能给班列增加了货源，实现多赢。

在"第四次工业革命"已经迫在眉睫的时候，2023 年 2 月，中共中央、国务院印发了《数字中国建设整体布局规划》，在"构建开放共赢的数字领域国际合作格局"中提出，高质量共建"数字丝绸之路"，积极发展"丝路电商"。希望通过我国完善的供应链和成熟的电商商业模式，推动"一带一路"国家的商业创新，能够共享数字经济带来的红利。习近平总书记在第三届"一带一路"国际合作高峰论坛开幕式主旨演讲中指出，在"一带一路"沿线国家中，未来 5 年（2024—2028 年），中国货物贸易、服务贸易进出口额有望累计超过 32 万亿美元、5 万亿美元。

从宏观来看，大国投资能在政治、经济、文化等全方位给国家带来利益，利益代表着合作方的价值……这些都影响到大国投资的力度。"一带一路"带来的机遇是前所未有的，是大国政治影响力和经济实力外延的体现，能够最大化地实现已有产能和技术的转移，在社会效益和经济效益都能够达成目标的情况下，必然成为对我国国运进行加持的伟大创举。这样通过国家力量带动国内"一带一路"的各个省、自治区、直辖市融合，也给央地共同发展带来了难得一见的历史机会。

第二章

能源时代：能源结构与能源安全

能源安全不只是针对传统能源，在新能源盛行并且彰显未来趋势的时代，新能源的野蛮生长最终也会被安全有序的演进取代。我国终于找到了一个可以大规模投资，并且能够有稳定收益的产业，可以一定程度上取代日渐衰落的房地产行业和投入日渐减少的大基建。

新能源的全球市场极其诱人。我国已经十分完备的新能源组件产业链，能够比国外企业多"跑出几个马身"。假设有个好骑手，不让马出现纰漏，就能一骑绝尘，让新能源成为我国产业输出的主力军。

投资传统能源不落伍，夯实能源安全稳定器

2014年，习近平总书记提出"四个革命、一个合作"能源安全新战略，擘画了能源改革发展的宏伟蓝图。2022年年底召开的中央经济工作会议强调"要深入推动能源革命，加快建设能源强国"，为新时代中国能源高质量发展指明方向。在党的二十大报告中，习近平总书记强调，"深入推进能源革命""确保能源安全"。能源是工业的粮食、国民经济的命脉，关系人类生存和发展，攸关国计民生和国家安全。现在，中国拥有着丰富的天然气和煤炭资源，但同时又是世界上最大的石油进口国之一。2023年，国家自然资源部网站发布了《2022年度全国矿产资源储量统计数据》，2022年主要油气矿产剩余技术可采储量均

有不同幅度增长，其中石油 2022 年储量为 380 629.30 吨，同比增长 3.2%，新疆、甘肃、陕西、黑龙江、山东、河北石油储量稳居全国前六，合计占据我国石油储量的 61.06%；天然气 2022 年储量为 65 690.12 亿立方米，同比增长 3.6%，四川、陕西、新疆、内蒙古天然气储量稳居全国前四，合计占据我国天然气储量的 75.99%；煤炭 2022 年储量为 2 070.12 亿吨，同比 2021 年几乎不变，山西、内蒙古、新疆、陕西煤炭储量稳居全国前四，合计占我国煤炭储量的 73.77%（见表 2-1）。据国家能源局资料显示，2023 年上半年，国内原煤、原油、天然气产量稳步提高，同比分别增长 4.4%、2.1%、5.4%。全国发电装机规模达到 27.1 亿千瓦，同比增长 10.8%。全国能源重点项目完成投资额超过 1 万亿元人民币，同比增长 23.9%。国际煤炭、原油、天然气价格明显回落，中国能源进口较快增长。

习近平总书记指出："我们必须从国家发展和安全的战略高度，审时度势，借势而为，找到顺应能源大势之道。""煤炭产业发展要转型升级，走绿色低碳发展的道路。"煤炭作为我国长期使用的优势能源，储量位于世界前列，在供应火电厂、冶金、工业、民用等方面，支持着新中国成立以来尤其是改革开放以来的快速发展。煤炭的优势是价格相对低廉且容易开采，我国对煤炭的投资从来没有停止过。煤炭作为传统能源中价格和热量最具竞争力的品类，从 2013 年开始，国家和地方推行淘汰落后

表 2-1 能源矿产（储量）

地区	煤炭（亿吨）	石油（万吨）	天然气（亿立方米）	页岩气（亿立方米）	煤层气（亿立方米）	石煤矿石（亿吨）	天然沥青矿石（万吨）	油页岩矿石（亿吨）	油砂矿石（万吨）	地热（立方米/日）
全国	2 070.12	380 629.30	65 690.12	5 605.59	3 659.69	9.91	16.89	21.07	18 852.20	3 063 605.59
北京	0.97	17.07	0.04							5 098.17
天津	0.00	3 693.72	294.50							153 537.46
河北	24.22	24 159.41	336.49					0.03		727 480.61
山西	483.1		1 210.59		3 326.43			0.00		
内蒙古	411.22	12 290.09	10 115.95					0.36		42 952.89
辽宁	10.72	14 182.94	152.52		25.01	0.00		12.45		9 253.60
吉林	4.88	16 633.44	804.53					2.61	13 322.14	68 807.85
黑龙江	36.68	31 696.32	1 343.88					0.00		
上海	0.00									
江苏	3.09	2 048.07	21.90			0.00		0.00		15 885.91

(续表)

地区	煤炭（亿吨）	石油（万吨）	天然气（亿立方米）	页岩气（亿立方米）	煤层气（亿立方米）	石煤矿石（亿吨）	天然沥青矿石（万吨）	油页岩矿石（亿吨）	油砂矿石（万吨）	地热（立方米/日）
浙江	0.15	133.93				3.07				34 594.41
安徽	57.25		0.24		15.73	0.00				169 807.61
福建	1.92									80 778.87
江西	1.84					0.00				151 422.44
山东	32.85	26 244.26	347.25					0.12		383 285.35
河南	44.43	2 876.78	61.39			0.00		0.00		24 285.43
湖北	0.13	988.78	44.18			0.03				112 295.79
湖南	2.57					4.09	1.51			43 391.08
广东	0.00	15.49	0.97					0.00		185 433.00
广西	1.51	142.13	1.36			2.72		0.00		5 169.99
海南	0.00	558.95	19.35					0.00		81 716.21

(续表)

地区	煤炭(亿吨)	石油(万吨)	天然气(亿立方米)	页岩气(亿立方米)	煤层气(亿立方米)	石煤矿石(亿吨)	天然沥青矿石(万吨)	油页岩矿石(亿吨)	油砂矿石(万吨)	地热(立方米/日)
重庆	0.00	220.08	2 562.83	1 754.96		0.00				92 366.00
四川	10.78	641.21	16 546.46	3 777.69	38.18		4.5			39 608.45
贵州	137.3		6.10	72.94	32.04					71 009.10
云南	67.13	10.15	0.47					0.00		10 478.16
西藏	0.11									1 444.74
陕西	290.97	35 120.11	11 770.37		222.30	0.00		1.33		81 643.69
甘肃	40.38	48 233.81	729.76					0.19		369 332.00
青海	9.88	8 565.05	1 034.42					0.00		93 543.93
宁夏	54.18	5 679.91	931.94							
新疆	341.86	66 956.82	11 482.11				10.88	3.98	5 530.06	8 982.85

注：数据来源于自然资源部《2022年全国矿产资源储量统计表》。

产能、鼓励规模以上煤炭企业通过并购、技术革新、加大投入等方式快速成长，行业供给侧改革施行关停了许多不达标的小煤矿、对环境污染严重的露天煤矿，同时利用高科技对采煤、掘进、辅助、机器人、监测监控、智慧管理等多个方面实现了智能化全覆盖。近几年，国家部委多次出台相关政策及文件，对煤矿行业自动化、信息化、数字化、智能化提出了指导要求。据统计，截至2023年年中，全国建有煤矿智能化采掘工作面1 400个，有智能化工作面的煤矿达到730处，产能占比达到59.5%。通过智能化改造，既能提高单位生产效率，又能减少安全事故，降低人员数量和人力成本，在煤炭开采行业实现了高质量发展。即使新能源产业大爆发，煤炭行业依然会在未来成为新能源不可或缺的有益补充和能源安全稳定器。

在俄乌冲突和中美贸易摩擦的国际环境下，石油天然气作为重要的战略资源，价格不断上涨，成为各个国家博弈的工具。可见，大多数战争是因能源而起并非危言耸听。石油天然气是一种化石燃料，主要由石油和天然气两部分组成，广泛应用于工业生产、交通运输、家庭生活等，又被称为"工业的血液"。目前，全球已探明的石油储量超过1 700亿吨，天然气储量也超过500万亿立方米。石油和天然气的能量密度非常高，能量比煤炭等能源品类更胜一筹。在化工领域，石油天然气更是制造塑料、橡胶、合成纤维等产品的原材料，在建筑、医药、农业等领域应用广泛。2018年7月,习近平总书记提出,要"大力提升国内油气勘探开发力度,努力保障国家能源安全"。

全球油气工业预测的生命周期为300年左右,到目前已近150年。随着世界工业进程的不断加速,常规油气建设生产产能相对不足,非常规油气因此成为值得关注的重点投资领域,需要国家和地方在项目审批、财政补贴、招商引资等方面予以扶持和鼓励。非常规油气是指用传统技术无法获得自然工业产量,需用新技术改善储层渗透率或流体黏度等,才能经济开采、连续或准连续型聚集的油气资源。非常规油气主要包括页岩油(气)、煤层气以及天然气水合物等。我国非常规油气资源主要分布在山西沁水盆地、鄂尔多斯东缘、云贵、川渝以及东北地区,这些地区致密油、致密气、页岩气、煤层气、页岩油、油砂、油页岩、水合物等非常规油气资源很丰富,具有比较可观的储量和开发潜力。近年来,我国非常规油气开采的技术及设备水平得到了显著提升。据公开资料显示,"十三五"期间,我国不断加大非常规气开发力度,产量从2015年109亿立方米增长至2020年318亿立方米,增长192%,复合平均增长率(CAGR)达24%。从结构上来看,我国非常规天然气产量占比从8.06%增长至16.52%,其中页岩气表现亮眼,产量占比从2015年的3.41%增长至2020年的10.6%。2020年,我国页岩气查明资源储量为4 026.2亿立方米;我国页岩气产量达200.4

亿立方米，同比增长 30.13%。2020 年，国内海上油气产量首次突破 6 500 万吨，原油同比增产 240 万吨，增幅占三大石油公司国内增量 80% 以上。在加大国内海上油气勘探开发力度的同时，积极发力陆上非常规油气业务，2020 年陆上非常规天然气产量达到 22.7 亿立方米。非常规油气资源前景广阔，2021 年，页岩油产量 240 万吨，页岩气产量 230 亿立方米，煤层气利用量 77 亿立方米。非常规气持续快速上产，产量占全国总产量的 1/3。页岩气做好中深层稳产，加快深层上产，推进新层系勘探。深地煤层气勘探开发取得重要突破。2022 年页岩油产量突破 300 万吨，是 2018 年的 3.8 倍。2022 年页岩气产量达到 240 亿立方米，较 2018 年增加 122%。

另外，由于新能源时代来临，锂因为其在绿色低碳转型的重要性，作为新时代的传统能源越来越被重视，被誉为绿色能源金属和"白色石油"。目前，锂已经广泛应用于储能、化工、医药、冶金、电子工业等领域。全球锂资源丰富但分布不均，目前探明储量较大的有阿根廷、玻利维亚、智利、澳大利亚、中国等国家。根据《2022 年度全国矿产资源储量统计数据》显示：我国"白色石油"稀有金属锂矿产储量同比增加 57%；铜、铅、锌、钴、镍等大宗有色金属矿产储量分别同比增加 16.7%、7.1%、4.2%、14.5% 和 3%。分省份来看，江西储量（255.24 万吨）居全国第一，占全国总量的 40%；青海（186.61 万吨）、

表 2-2 我国稀有元素金属矿产（储量）

地区	铌钽矿/铌钽氧化物（吨）	锂矿/氧化锂（万吨）	铍矿/氧化铍（吨）	锶矿/天青石（万吨）	铷矿/Rb_2O（吨）	铯矿/Cs_2O（吨）	锆矿/ZrO_2（万吨）
全国	292 540.58	635.27	63 822.23	2 456.81	1 156 845.14	141 489.55	7.16
北京							
天津							
河北			0.00				
山西		0.00			0.00		
内蒙古	230 414.99	0.00	167.88		0.00	0.00	
辽宁	0.00		0.00				
吉林							
黑龙江	0.00						
上海							
江苏	0.00			26.72			

（续表）

地区	铌钽矿 铌钽氧化物（吨）	锂矿 氧化锂（万吨）	铍矿 氧化铍（吨）	锶矿 天青石（万吨）	铷矿 Rb₂O（吨）	铯矿 Cs₂O（吨）	锆矿 ZrO₂（万吨）
浙江	0.00				0.00		
安徽		0.00	0.00		0.00		
福建	255.48						
江西	39 420.89	255.24	17 432.72		1 150 079.36	140 740.36	1.94
山东			0.00				
河南	312.92	1.15	612.68		3 256.34	749.19	
湖北	0.00	0.00		0.00	0.00		
湖南	614.60	0.00	660.00		3 509.44		
广东	0.00		18.00		0.00		
广西	7 472.57		0.00		0.00		
海南	0.00						5.22

（续表）

地区	铌钽矿 铌钽氧化物（吨）	锂矿 氧化锂（万吨）	铍矿 氧化铍（吨）	锶矿 天青石（万吨）	铷矿 Rb$_2$O（吨）	铯矿 Cs$_2$O（吨）	锆矿 ZrO$_2$（万吨）
重庆				565.49			
四川	12 713.96	135.03	35 287.82	174.52			
贵州	0.00	0.00					
云南	1 083.79	56.29	379.35	178.63			
西藏	0.00		0.00	0.00	0.00		
陕西	0.00		0.00				
甘肃	0.00						
青海		186.61		1 478.01	0.00		
宁夏							
新疆	251.38	0.95	9 263.78	33.44	0.00		

注：数据来源于自然资源部《2022年全国矿产资源储量统计表》。

四川（135.03万吨）排名全国第二、第三（见表2-2）。江西省依托丰富的锂矿资源，吸引了宁德时代、国轩高科、欣旺达、蜂巢能源、比亚迪等大批锂电池相关龙头企业入驻，加快推进锂电产业全链条、集群式发展，在新能源产业布局上取得了显著成效。锂在新能源汽车动力电池和储能电池上的应用越来越广泛，需求量也在不断快速增加，对锂辉石矿、盐湖提锂等技术的改进必要性也越来越迫切，提高产能对从国内资源起到平抑锂价格飙升会发挥关键作用。

无论是传统的石化能源，还是应用于新能源行业的"现代传统能源"，都是在世界经济发展过程中贡献出巨大能量的品类。除了国家政策的支持之外，科研人员也需要顺应时代潮流，掌握科技前沿技术，利用科技应用突破传统能源开采、利用的藩篱，敢于创新，不落窠臼，以此在未来世界能源领域保有一席之地，也能够为我国的能源安全做好相关工作。

能源结构渐行渐变，投资"风、光、核"是王道

世界能源结构正在发生快速且无法抵挡的改变，出现了一种新型的技术叫"源网荷储"系统，特点是源网联动和荷储协

同,系统产生的目的是提高能源利用效率,改善能源结构,保障能源使用安全,实现可持续发展。在这个系统中,"源"指的是能源供给方,包括清洁能源如太阳能、风能、水能、核能,以及传统能源如煤炭、石油和天然气等,在这里主要指的是清洁能源;"网"指的是能源传输网络,包括输电线路和电力系统设备;"荷"指的是能源的终端用户,包括居民、工厂、商业写字楼、数据中心、公共设施等;"储"指的是能源的储存技术,包括储能设备和储能技术等。

根据"源网荷储"的设计,通过源源互补、源网协调、网荷互动、网储互动和源荷互动等多种交互形式,可以将"虚拟电厂(Virtual Power Plant,简称VPP)"建设起来,更经济、更高效和更安全地提高电力系统功率动态平衡能力,发挥发电侧和用电侧的调节能力,是构建新型智慧电力系统的全新发展路径。根据国家发展改革委、国家能源局发布的《关于推进电力源网荷储一体化和多能互补发展的指导意见》,"源网荷储一体化"实施路径主要有三种具体模式。

(1)区域(省)级源网荷储一体化

依托区域(省)级电力辅助服务,引入电源侧、负荷侧、独立电储能等市场主体,通过价格信号引导各类市场主体灵活调节,提高用户侧调峰积极性。依托现代信息通讯及智能化技术,加强全网统一调度,建立源网荷储灵活高效互动的电力运行与市场体系，充分发挥区域电网的调节作用，落实电源、电力用户、储能、虚拟电厂参与市场机制。

(2) 市（县）级源网荷储一体化

在重点城市开展源网荷储一体化坚强局部电网建设，梳理城市重要负荷，研究局部电网结构加强方案，提出保障电源以及自备应急电源配置方案。结合清洁取暖和清洁能源消纳工作，研究热电联产机组、新能源电站、灵活运行电热负荷一体化运营方案。

(3) 园区（居民区）级源网荷储一体化

以现代信息通讯、大数据、人工智能、储能等新技术为依托，运用"互联网＋"新模式，调动负荷侧调节响应能力。在城市商业区、综合体、居民区，依托光伏发电、并网型微电网和充电基础设施等，开展分布式发电与电动汽车（用户储能）灵活充放电相结合的园区（居民区）级源网荷储一体化建设。园区（居民区）级源网荷储一体化项目是分布最为广泛的一类项目，分布式和集中式电源均可参与，技术难度相对较小，也是未来新型电力系统最为基础的组成形式。

风光储一体化、风光水（储）一体化、风光火（储）一体化都是源网荷储的承载形式，由此可见，目的就是将新能源、清洁能源和传统能源紧密结合，完成发电侧的整体比例转换，将传统能源发电逐步向新能源和清洁能源发电转变。习近平总书记主持中央政治局第三十六次集体学习并发表重要讲话时强调:"要把促进新能源和清洁能源发展放在更加突出的位置,积极有序发展光能源、硅能源、氢能源、可再生能源。"传统能源结构在现阶段发生了改变,根据中国电力企业联合会发布《2023年上半年全国电力供需形势分析预测报告》中数据,2023年1—6月,全国风电、光伏新增装机在1亿千瓦以上,累计装机约8.6亿千瓦,风电光伏发电量达到7300亿千瓦时,风电光伏产业已经成为我国新能源发电板块增长最迅速的主体。风电光伏发电装机规模不断扩大,已成为我国新增电源装机和新增发电量的双重主体。截至2023年6月底,全国累计非化石能源发电装机容量占比上升至51.5%。上半年,全国新增发电装机容量1.4亿千瓦,同比多投产7186万千瓦。其中,新增并网太阳能发电装机容量7842万千瓦,同比多投产4754万千瓦,占新增发电装机总容量的比重达到55.6%,同比增长153.8%;风电新增装机量0.2299亿千瓦,占比16.31%,同比增长77.7%;核电装机量0.5676亿千瓦,占比2.10%。数据统计,2023年1—6月,风电光伏新增装机占全国新增装机的比重达到71%,新增发电量占全国新增发电量54%以上,充分满足了全国新增电量需求(见表2-3、表2-4)。

　　太阳能光伏电站的建设远高于其他清洁能源的建设速度,发展已经由"鸭子曲线"变为了"峡谷曲线",太阳能光伏电站

表 2-3　2023 年上半年全国累计发电装机容量

指标名称	装机容量（亿千瓦）	占总量百分比	同比增长
总装机	27.0772	100%	10.8%
火电	13.5698	50.11%	3.8%
太阳能	4.7067	17.39%	39.8%
水电	4.1793	15.44%	4.5%
风电	3.8921	14.38%	13.7%
核电	0.5676	2.10%	2.2%
其他	0.1617	0.60%	—

表 2-4　2023 年上半年全国新增发电装机容量

指标名称	新增装机容量（亿千瓦）	占总量百分比	同比
新增装机总量	1.4096	100%	103.9%
太阳能发电	0.7842	55.64%	153.8%
火电	0.2602	18.45%	97.0%
风电	0.2299	16.31%	77.7%
水电	0.0536	3.80%	-43.0%
核电	0.0119	0.84%	-47.8%

注：以上表格资料来源于国家能源局 2023 年 1—6 月份全国电力工业统计数据。

的增加满足了削峰填谷的需求。"鸭子曲线"最早由美国加州电网运营商 CAISO 提出，即在光伏发电处于最高峰的中午时间，净负荷曲线下降，随后在晚上光伏发电量下降时，净负荷急剧上升。随着光伏装机量的不断增加，CAISO 提出的净负荷曲线出现了向"峡谷曲线"的转变,即中午净需求更低,跌至零值甚至负值;傍晚时负荷增加更加陡峭,其他电源必须快速爬坡出力以适应负荷的急剧攀升。新能源的不稳定性确实对其他发电形式和电网输变电提出了挑战,根据华福证券汪磊、陈若西的《虚拟电厂专题报告:源网荷储联动是新型电力系统必然选择》显示,山东装机结构与CAISO相似,截至2022年底,山东省的太阳能光伏发电装机量在总体发电中占比达到了22.5%。在2023年"五一"假期期间,山东省内用电负荷下降约15%,引发连续负电价现象。4月29日—5月1日现货价格曲线形状类似"鸭子曲线",期间10时—15时负电价出现尤为频繁,而该时段为光伏发电高峰。结合此前山东将中午时段划分为电价深谷时段,新能源装机增加改变了原有的负荷曲线,使得新能源集中大发时段,电网净负荷出现了一个深谷,需要对负荷进行时间上的转移(填谷)以平滑变化、促进新能源消纳。

　　清洁能源的大力发展与我国对能源安全的重视息息相关,习近平总书记站在统筹中华民族伟大复兴战略全局和世界百年未有之大变局的高度,提出了"四个革命、一个合作"能源安全新战略,即推动能源消费革命、能源供给革命、能源技术革命、能源体制革命,加强全方位国际合作,牢牢把能源的饭碗端在自己手中。国家能源局有关负责人表示,当前,我国正以沙漠、戈壁、荒漠地区为重点，加快建设黄河上游、河西走廊、黄河几字弯等七大陆上新能源基地；统筹推进川滇黔桂、藏东南两大水风光综合基地开发建设；推动海上风电近海规模化开发和深远海示范化开发。新能源规模化效应已显现，未来将成为我国电力能源供给的主力军。

习近平总书记主持中央政治局第三十六次集体学习并发表重要讲话时指出："要加大力度规划建设以大型风光电基地为基础、以其周边清洁高效先进节能的煤电为支撑、以稳定安全可靠的特高压输变电线路为载体的新能源供给消纳体系。"我国风光资源大多分布在华北、东北、西北等"三北"地区，而用电负荷主要集中在中东部和南方地区，跨省区输电压力较大，这是一大难题。国家电网因此需要投入大量资金、人力、物力来建设特高压输变电线路等基础设施，并且很难在短期内实现效益，需要通过国家政策支持和银行长期项目贷款，也需要银行贷款的贴息支持，这样才可以将特高压输变电线路等基础设施快速发展起来。电网改造的速度与风电光伏发电的发展节奏相匹配，才能更加有效利用好新能源发电，避免"弃风弃光"现象的再度发生。

风电光伏的建设也存在着一些问题。比如，地理位置和时间会对风力发电有不同的影响，许多地区的风力具有间歇性和季节性。由于噪声问题，选址会更加谨慎，而且风力发电还需要占用大量的土地。另外,风力发电也会对当地鸟类带来不利影响,需要研究在风力设施上安装智能设备,监测和导引鸟类远离风力装置,同时对叶片也需要改进,这样就会增加风力发电的成本。太阳能光伏电站受到昼夜、季节、地理纬度和海拔高度等自然条件的限制以及气候影响,发电效率也会受到很大的影响,光伏的光能转化率逐年衰减,不仅变相降低了投入产出比,还导致了发电不稳定性增加,表现为发电的随机性、波动性、间歇性等问题。因此,电网在输送电力时必须要采用成本较高的技术手段进行处理。核电站的选址要求比较高,热污染比较严重,投资成本较大,核废料处理也会是后期的难题,一旦遇到地震等不可抗力,可能会出现核泄漏的风险。

随着风电、光伏、核电的大力发展,相关产业链条上的高科技板块也迅速成长起来。产业链的完备为中国企业"走出去"提供了良好的基础,相关人才在培训过程中提高了专业素养,技术在实践应用过程中去反哺和完善理论,有利于完成新能源产业2.0级别的提升,即无人化生产、高效率建设和无人化巡检,太阳能面板涂覆新材料的应用和清洗机器人的升级降低了人工使用数量,也解决了相关劳动力短缺的问题。

储能成能源安全调节器，投资电网的有益补充

　　随着风电、光伏的大资金逐渐投入，储能成为连接发电侧与用户侧，维持电网稳定的桥梁，在国家和地方政府以及创业者和投资人眼中，储能也开始变得越来越热门。2021年7月15日，国家发展改革委与国家能源局出台的《关于加快推动新型储能发展的指导意见》（以下简称《指导意见》）提出，坚持储能技术多元化，推动锂离子电池等相对成熟新型储能技术成本持续下降和商业化规模应用，实现压缩空气、液流电池等长时储能技术进入商业化发展初期，加快飞轮储能、钠离子电池等技术开展规模化试验示范，以需求为导向，探索开展储氢、储热及其他创新储能技术的研究和示范应用。到2025年国内新型储能装机总规模达30 GW以上，到2030年，实现新型储能全面市场化发展。新型储能核心技术装备自主可控，技术创新和产业水平稳居全球前列，标准体系、市场机制、商业模式成熟健全，与电力系统各环节深度融合发展，装机规模基本满足新型电力系统相应需求。新型储能成为能源领域碳达峰碳中和的关键支撑之一。

　　实现新型储能从商业化初期向规模化发展转变，如果要达到这样的目标，未来再建的新能源电厂，则必须配备储能发电

机组，装机比例至少要超过10%。根据中国化学与物理电源行业协会储能分会统计，到2025年，新型储能的产业规模或突破万亿元大关，到2030年预计接近3万亿元。据天眼查，2022年国内新成立3.8万家储能全产业链相关企业，这一年的增长速度是2021年的5.8倍。2023年4月初，特斯拉宣布在上海新建储能超级工厂，计划用于生产特斯拉的超大型商用储能电池（Megapack）预计2024年第二季度投产。

储能已经成为投资风口，也在很短的时间内变成了竞争激烈的"红海"。2022年，我国抽水蓄能建设明显加快。全国新核准抽水蓄能项目48个，装机6 890万千瓦，超过"十三五"时期全部核准规模，全年新投产880万千瓦，创历史新高。2022年年底，全国已投运锂离子电池储能、压缩空气储能、液流电池储能等新型储能项目装机规模达870万千瓦，比2021年年底增长110%以上。《指导意见》提出，要统筹开展储能专项计划：一是要各地区规模及项目布局，并做好与相关规划的衔接。二是要积极推动电网侧储能合理化布局，通过关键节点布局电网侧储能，提升大规模高比例新能源及大容量直流接入后系统灵活调节能力和安全稳定水平。三是积极支持用户侧储能多元化发展。鼓励围绕分布式新能源、微电网、大数据中心、5G基站、充电设施、工业园区等其他终端用户，探索储能融合发展新场景。储能的场景开发还是要以调节清洁能源和传统能源之间的发电平衡为主，保证电网输电稳定性和安全性，避免对生产生活造成不利影响，使之既能与电网的改造相匹配，又能够满足日常的消纳需求，提升清洁能源发电在用电侧的占比。

1968年我国第一个抽水蓄能电站——河北岗南混合式抽水蓄能电站建设完成后，抽水蓄能的优势就已经深入人心。抽水蓄能电站启停时间短、调节速度快、运行工况多，具有双倍调节能力，是技术成熟、运行可靠且较为经济的调节电源和储能电源，但是抽水蓄能投资金额较大，对地理地貌的要求也比较高，对消纳的能力也有一定要求，落地项目时需要做综合判断。根据国家能源局最新发布的《抽水蓄能中长期发展规划（2021—2035年）》，到2025年，抽水蓄能投产总规模较"十三五"翻一番，达到6 200万千瓦以上；到2030年，抽水蓄能总投产规模较"十四五"再翻一番，达到1.2亿千瓦左右；到2035年，形成满足新能源高比例大规模发展需求的、技术先进、管理优质、国际竞争力强的抽水蓄能现代化产业，培育形成一批抽水蓄能大型骨干企业。抽水蓄能现在依然是储能的第一梯队，不过其他类型的储能技术也在不断更新迭代，逐渐提高储能总体占比中的比重。

电化学储能电池占储能系统成本比例超过60%，由于碳酸锂等锂电池核心原材料的价格波动较大，电化学储能电池的成本也呈现出忽高忽低的态势。这种成本波动不仅受到原材料价格的影响，还受到下游客户账期长短和订单推进顺利与否的影响。2023年以来，碳酸锂价格进入快速下降通道，势必会带动电芯及终端储能价格下降，电化学储能的春天来了。储能电站是第二产业用户侧的必需品，主要应用在江苏、浙江、广东、山东等GDP位于前列的电力消纳大省，采用的基本是磷酸铁锂储能路线。目前，储能电站在工厂和商业楼宇的应用有四种商业模式，分别是合同能源管理模式、自建模式、融资租赁+合同能源管理、纯租赁模式。工商业储能的主要盈利方式是峰谷价差套利，即用电低谷时充电，峰段放电给电费支出负荷使用，从而节省电费支出（见图2-1）。除此之外还有一些盈利构成，比如，参与国家电网的调峰调频服务，获取国家和当地政府补贴；通过虚拟电厂（VPP）以聚合方式参与电力市场交易，可以在低谷时段买进电力储蓄备用，在电力峰值时间卖出进行峰谷套利；通过降低最大需量电费，为企业和商业降低基本电费，与业主探讨分成比例[1]。电化学储能也有发生火灾和爆炸的风险，出现险情的原因多为内部电芯失效引发电池与模组的热失控，或者是外部辅助系统故障引发的储能系统故障。因此，需要在对电芯制造质量提升、实时预警监测、系统设计的精细化管理和联动保护控制等方面下功夫。

---

[1] 电度电费＝电度电价×用电量，基本电费＝基本电价×计费容量，基本电费分为按需计费和按容计费，总电费＝电度电费＋基本电费。

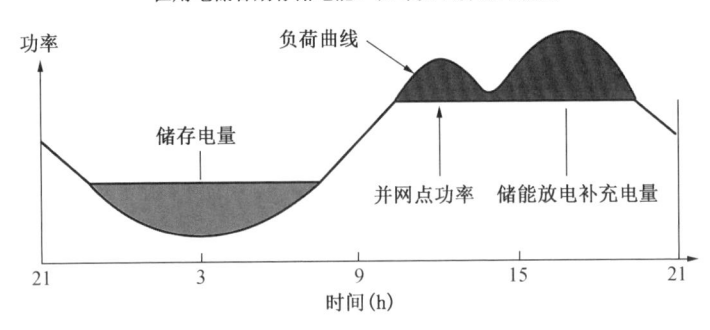

图 2-1 储能削峰填谷示意图

国外市场也是不可多得的一块蛋糕，欧盟国家对安装太阳能分布式光伏在时间上有强制规定，多数国家也会给予或多或少的补贴。因此，欧洲分布式光伏装机有望进一步提升，作为重要的分布式资源消纳手段的储能装机也肯定会相应进行装配。而且，欧盟等国家并没有对制造业本土化进行强制规定，中国企业依然有机会拿到相应的补贴（见表 2-5）。

表 2-5 欧洲部分国家和地区储能补贴政策

国家和地区	时间	政策
欧盟	2022 年	屋顶太阳能的强制安装规定： 1. 2026 年，所有新的公共和商业建筑，其实用楼层面积大于 250 m²。 2. 2027 年，所有现有的公共和商业建筑的有用楼层面积大于 250 m²。 3. 2029 年，所有新的住宅楼均需安装。

(续表)

国家和地区	时间	政策
德国	2022、2023 年	（1）任何人在单户住宅或商业物业上运行不超过 30 千瓦的光伏系统，将不再需要为发电量缴纳所得税。 （2）多户连体住宅和混合用途的物业系统商不超过 15 千瓦的光伏系统，将免收所得税。 （3）光伏系统和储能系统的采购、进口和安装将不再征收增值税（VAT）。 德国财政部宣布在 2030 年前为能源密集行业提供 6 欧分/度的优惠工业电价，为了鼓励这些企业进一步在节能减排领域发挥主观能动性，柏林方面将依据电力市场均价、而非企业实际支付的价格进行补贴，即企业能够通过在电力市场上的灵活操作实际获得更多财政补贴。
瑞士	2020 年	额外拨款 4 600 万瑞士法郎（约 4 750 万美元）用于住宅和商业屋顶太阳能补贴计划。该额外款项将补贴预算提升到 3.76 亿瑞士法郎，资金源于电力消费者缴纳以资助可再生能源发展的税费。
瑞典	2018 年	拨款 1.7 亿瑞典克朗（约 2 000 万美元）用于住宅和商业光伏太阳能的返利方案。从 2018 年 1 月 1 日起，向安装光伏系统的屋主和企业购买者支付的返利比例从 20% 提高到了 30%。

根据美国能源部统计，美国 70% 的输电线路和变压器运行年限超过 25 年，60% 的断路器运行年限超过 30 年，属于超期服役状态。电网系统陈旧且短时间内不能全面更换，能源转型阶段的新的电力系统结构需要跟老旧电网相结合，必须要配备

储能电站来调频、调峰、作为容量备用等。而且，美国电力产业结构比较分散，全美共有 8 个区域电网组成，其中东部和西部各自组成电网联盟，加上独立的得州电网，形成美国三大电网的格局，电网的产权分布在 500 多家公司手中，统一更新升级的难度加大。

在投资人看来，风电光伏龙头企业基本上已经上市，也不可能把相关产业分拆出来上市，所以储能作为后起之秀变成了投资人眼中的"香饽饽"，国内外市场的容量巨大，能够诞生出数十家上市公司也不为过。回归到储能在各地虚拟电厂和充电网络的建设，又可以刺激当地新能源新基建的发展，对我国电力系统的稳定性大有裨益。

科学开发"城市矿山"，回收促成再生资源自循环

2013 年 7 月 22 日，习近平总书记在湖北考察时说："变废为宝、循环利用是朝阳产业。垃圾是放错位置的资源，把垃圾资源化，化腐朽为神奇，既是科学，也是艺术。"2016 年 8 月 22 日，习近平总书记到青海考察时指出，"循环利用是转变经济发展模式的要求，全国都应该走这样的路"。他还强调，"发展

循环经济是提高资源利用效率的必由之路"。2016年12月21日,在中央财经领导小组第十四次会议上,习近平总书记在听取浙江关于普遍推行垃圾分类制度汇报后指出,普遍推行垃圾分类制度,关系13亿多人生活环境改善,关系垃圾能不能减量化、资源化、无害化处理。要加快建立分类投放、分类收集、分类运输、分类处理的垃圾处理系统,形成以法治为基础、政府推动、全民参与、城乡统筹、因地制宜的垃圾分类制度,努力提高垃圾分类制度覆盖范围。

我国地大物博,人口众多,人均矿产资源不足世界平均水平的二分之一。经过改革开放以来的经济飞速发展,资源匮乏成为我国经济发展的瓶颈之一。随着"资源节约型"与"环境友好型"社会的发展,再生资源利用行业成为有巨大潜力的朝阳产业,也能成为我国经济再次提升发展速度的新生动力。再生资源是指生产和消费过程中产生的富含锂、钛、黄金、铜、银、锑、钴、钯等稀贵金属的废旧家电、电子垃圾,加上废钢铁、废塑料、废纸、废旧纺织品等十几个品种的废品,又被称为"城市矿山"。再生资源回收通过对成本的控制,能够替代一部分资源的开采和使用,随着回收再利用技术的逐渐更新升级,可以逐渐将资源集中起来,实现规模化效应,将回收成本迅速降低至直接开采利用成本之下。据公开资料数据显示,目前,我国再生资源回收企业有9万多家,中小型企业占据主流,按照《再生资源回收站点建设管理规范》中"便于交售"原则的要求，城区每 2 000 户居民设置 1 个回收站（点），乡镇每 2 500 户居民设置一个回收站（点）。从业人员约 1 300 万人。中国物资再生协会会长许军祥认为："当前，物资再生行业已经成为吸纳城乡就业人员的重要途径，为我国的经济发展、社会稳定、环境保护贡献了积极力量。在推进循环经济发展过程中，未来国家对物资再生行业的政策扶持力度将会不断加强，回收利用体系进一步得到完善，再生资源回收利用率不断提升，行业将朝着规模化、规范化、标准化、产业化方向发展。"

2022 年 8 月，工业和信息化部等三部门联合印发《工业领域碳达峰实施方案》，提出加强再生资源循环利用，实施废钢铁、废有色金属、废纸、废塑料、废旧轮胎等再生资源回收利用行业规范管理，鼓励符合规范条件的企业公布碳足迹。延伸再生资源精深加工产业链条，促进钢铁、铜、铝、铅、锌、镍、钴、锂、钨等高效再生循环利用。研究退役光伏组件、废弃风电叶片等资源化利用的技术路线和实施路径。围绕电器电子、汽车等产品，推行生产者责任延伸制度。推动新能源汽车动力电池回收利用体系建设。由中国物资再生协会发布的《中国再生资源回收行业发展报告（2023）》指出，2022 年我国再生资源回收总量约 3.71 亿吨（见表 2-6）。

表 2-6　2021—2022 年十个主要品种再生资源回收额情况

（单位：亿元）

序号	名称	2021 年	2022 年	同比
1	废钢铁	7 523.6	6 911.2	-8.1%
2	废有色金属	2 878.5	2 959.7	2.8%
3	废塑料	1 050	1 050	0.0%
4	废纸	1 493	1 402.6	-6.1%
5	废轮胎	76.8	101.3	31.9%
6	废弃电器电子产品	222.4	227.4	2.2%
7	报废机动车	276.9	311.9	12.6%
8	废旧纺织品	26.1	16.6	-36.4%
9	废玻璃	48	38.3	-20.3%
10	废电池（铅酸电池除外）	99.7	121.6	21.9%
	合计	13 695	13 140.5	-4.0%

注：数据来源于中国物资再生协会《中国再生资源回收行业发展报告（2023）》。

再生资源分类复杂、种类繁多，完整的产业链涉及回收、分拣、储存、运输、拆解、加工、再利用等诸多环节，不同产品的回收要求存在差异，但无论是低价值的废玻璃、废纺织品，还是高价值的废钢铁、废有色金属等，再生资源都能带来很高的社会价值。回收再利用资源可以降低对原生资源的依赖度，尤其是中国比较稀缺的铁矿石、石油等。通过对废钢铁、废塑料、废轮胎等进行资源回收，减少资源开采对环境的污染，同时还可以减少废弃物填埋和焚烧所带来的环境问题，对土壤、水、空气的污染都可以"减负"，有助于构建绿色生产和消费的理念，推动社会朝着可持续发展的方向迈进。

习近平总书记指出："突出抓好科技进步与创新，切实解决循环经济发展的技术难题。""坚持产学研相结合，围绕重点产业和企业节能降耗等方面的关键和共性技术，组织研发有重大推广意义的能源节约和替代技术、能量梯级利用技术、废物综合利用技术、循环经济发展中延长产业链和相关产业链接技术、'零排放'技术、有毒有害原材料替代技术、可回收利用材料和回收处理技术、绿色再制造技术以及新能源和可再生能源开发利用技术等，努力在一些重点领域突破技术瓶颈，形成技术优势。"对各类废旧物品的回收都需要有示范基地，在技术研发方面除了自我破局之外还要吸取国外的先进技术经验，尽快提升回收利用率，提高绿色回收的比例。同时，国家和各地都要"因地制宜""因时制宜"地制定再生资源优惠和补贴等政策，对使用回收再利用资源的各个环节都应奖励，类似于对新能源的鼓励一样，引导再生资源行业在各个环节走向规范，用政府的投入来增加市场对再生资源的了解；同时，用政府绿色采购这张"看得见的手"来鞭策和督促相关产业能快速调整转型升级。政府绿色采购是指各级国家机关、事业单位和团体组织等以环境认证的标准、评估方法和相应的实施程序为依据,利用财政资金进行采购,主要包括绿色办公用品采购、绿色服务采购以及绿色工程采购等。双向举措可以促使社会尽快形成采购习惯和运行链条,在集中度和规模化效应发生后,可以逐步减少相关补贴和优惠,绿色采购也顺理成章占据主导地位。

以新能源动力电池回收为例,近几年,随着新能源汽车销量逐步攀升,动力电池相关行业出货量攀升。据公开资料统计,2022年我国动力电池累计装车量达294.6 GWh,占全球总销量的56.9%;正/负极材料出货量约占全球市场份额的90%,电解液出货量全球占比超85%,锂电隔膜占据全球超80%的市场份额。

在动力电池、正极材料、负极材料、电解液与锂电隔膜这5大细分产业链中,整个动力电池及相关业产能规划,均远超2025年第三方研究机构对市场需求预测上限,如表2-7所示。

表2-7 五大细分产业链出货量、市场需求、产能规划预测与分析

分类	2022年全球装车量/出货量	2025年市场需求预测	全球企业产能规划
动力电池	517.9 GWh	1 226.1~1 550 GWh	超8 000 GWh
正极材料	111万吨(国内)	230万~270万吨	约1 200万吨

(续表)

分类	2022年全球装车量/出货量	2025年市场需求预测	全球企业产能规划
负极材料	155.6万吨	240万~298万吨	1 514.1万吨（国内企业）
电解液	100万吨	264万~272万吨	594万吨
隔膜	160亿平方米	260亿~439亿平方米	超600亿平方米

注：数据来源于公开报道、华福证券、德邦证券、开源证券、中银证券等券商报道、24港。

市场已经从曾经的"蓝海"变成绝对的"红海"，锂的价格也水涨船高，电池级碳酸锂和氢氧化锂在市场上价格波动巨大。2020年年底，氢氧化锂价格仅约5万元/吨；而到了2022年11月，氢氧化锂价格已经上涨超过55万元/吨，短短两年多时间涨幅超过10倍。截至2023年9月14日，碳酸锂价格已经从2023年年初51.00万元/吨跌至18.85万元/吨，降幅达63%（见图2-2）。因此，为了平抑不断高涨的锂价，不断有强者入局电池回收行业。电池生产厂商和第三方回收公司利用废弃电池、含钴镍钨工业废料提取超细钴粉、超细镍粉、钴镍锰动力电池材料、高纯钴镍化学品、超细碳化钨粉末，用于二次动力电池制造，持续降本增效。

2023年6月14日，欧洲议会正式通过了《欧盟电池与废电池法》，亦称《欧盟新电池法》。该法案规定，只有具备碳足迹

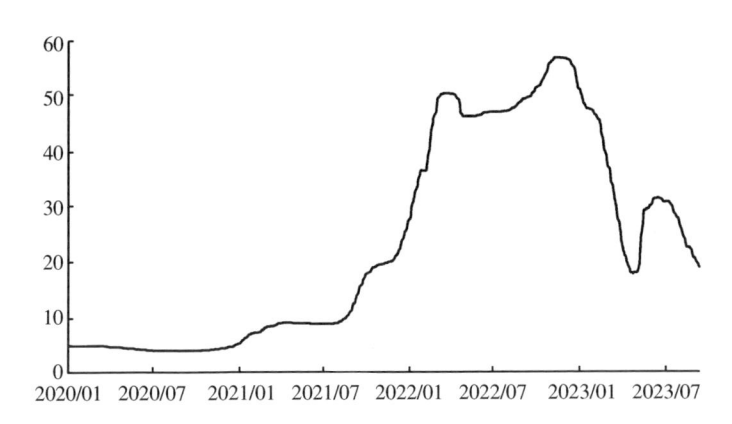

图 2-2　2022—2023 年 9 月碳酸锂价格（单位：万元/吨）

资料来源：Wind，储能与电力市场，数字储能网，国海证券研究所。

声明和标签以及数字电池护照的电动汽车电池和可充电工业电池才能在欧盟区域内售卖。《欧盟新电池法》对于废弃电池与关键金属材料设定了最低回收率，其中，便携式电池的回收率在 2023 年达到 45%，2027 年达到 63%，2030 年达到 73%。考虑到目前轻型交通工具电池的销量有所增长，且寿命比便携式电池更长，法规为轻型交通工具电池设定了特定的回收目标，在 2028 年达到 51%，到 2031 年达到 61%。此外，针对关键金属材料欧盟设定了最低回收率要求，锂在 2027 年达到 50%，2031 年达到 80%；钴、铜、铅和镍在 2027 年达到 90%，2031 年达到 95%。欧盟对电池相关资源回收的态度也表示出了国际社会对循环经济的重视程度。幸运的是，我国在循环经济兴起时就优化了产业结构,增强产业的纵向延伸、横向耦合,进而培育出了新能源电池行业新的经济增长点。

习近平总书记指出:"发展循环经济,可以有效解决经济社会发展与资源环境之间的矛盾,促进全面协调可持续发展,是加快全面建设中国特色小康社会和现代化进程的必然选择,也是中华民族长远发展的根本大计。"电池回收行业的兴起为锂电池在储能、新能源车等方面的应用解除了后顾之忧,也大大节省了自然资源的消耗,最大限度地保护了"绿水青山"。

# 第三章

国之重器：
航天科技与船舶工业

重剑无锋，大巧不工。大国重器耗费的是国人的聪明才智，还有国家政策的倾斜和大量资金不计后果和时间的投入，因为只有攻下这些大国重器的技术难关，国家才能够真正屹立于世界民族之林。

　　国家明白什么是必须要为，什么是不得不为，什么是可为可不为。将经济发展作为社会主义建设的核心，将完成自主知识产权的大飞机、载人飞船、卫星、重量级船舶当作我们技术越位提升的工具，通过大批先进前沿技术的集成，完成优化技术人才队伍的建设，实现产业结构的升级与转型。

航天领域拒绝太空"卡脖子"

太空是未来科技进步和资源探索不可或缺的组成部分,航天领域的发展对我国具有非常重要的战略地位。各个国家除了原有国有体制的航天公司之外,商业航天公司的出现是顺应历史潮流发展的必然产物,全球航天产业已经处于高速发展期。我国对航天的投入一直居世界领先地位,据统计,中国这一领域研发人员总量稳居世界首位,研发经费投入强度超过欧盟国家平均水平。中国在全球创新指数排名上升至第 12 位,中国空间站、中国月球探测工程(嫦娥工程)、中国首次火星探测任务(天问一号)探火星计划等重大科技成果已经成为国之重器。

航天领域的飞速发展离不开几个利益驱动力:经济效益、军事利益、政治利益等。首先，就经济利益而言，无论是能源动力的效率提升，还是新材料的应用，太空农业种子带来的产业产值提升，抑或是未来太空旅行或者太空资源开发带来的巨大经济效益预期，帮助清扫轨道卫星等太空垃圾的收益也会很高，这些利益驱动是国家和社会资源愿意投入其中的根本原因。此外，相关材料和技术能够在调整之后应用到民用领域，带来高维打低维的显著优势，可以在更加广泛的行业领域实现意想不到的价值。其次，地球是置于太空的球体，自上而下的视角能够让国家的军事设施等机密一览无余，一旦发生战争，国与国之间谁在太空占领制高点，谁就有优势获胜。最后，政治利益体现在国家对航天事业的重视程度和取得的成就，能够刺激国民荣誉感的迸发。

根据公开资料统计，2022年全球航天发射次数达到创纪录的186次，比2021年增长了27%。从2022年各国航天发射占比中可以明显地看出，中、美两国航天发射频次占比最高，俄罗斯紧随其后。其中，美国航天发射频次最高，达到87次，占全球发射总数的47%。中国航天发射次数达到64次，占全球发射总数的34.4%。欧洲航天局与最近高度重视航天发展的印度各5次，日本、韩国和伊朗各1次。

从20世纪80年代起，美国开始允许并扶持私营公司进入航天发射领域，为此先后颁布了《空间商业发射法》《商业空间法》《发射服务购买法案》《商业航天发射竞争力法》《鼓励私营航空航天竞争力与创业法》《2015年关于促进私营航天竞争力、推进创业法案》等多个有影响力的法案,这些法案的颁布为民间商业航天发展提供了法律依据。不仅如此,2017年,美国政府还颁布了《1号太空政策指令》,指示美国国家航空航天局(NASA)将美国宇航员送回月球进行长期探索和开发利用,随后开展前往火星和其他目的地的载人探索任务,明确了要通过进行商业合作推动民用技术发展。新版的《国家航天战略》《国防授权法》和《联邦采办条例》等一系列重要法案和政策也对航天领域规定了支持手段,给钱给订单,军队采购军需品时,除了核心软硬件需由军队定型、采购制定外,更是把采办民用技术、产品和服务作为航天领域要遵守的优先序列,同时强调采购需要选择成本低、质量好、性能优越的民用货架产品。2018年5月24日,时任美国总统特朗普签署了美国《2号太空政策指令》,内容共分为7个部分,每个部分都对商务部、运输部等部门提出了明确要求,从行政层面简化商业航天活动审批流程,同时对相关部门实施机构改革和流程改革,以提高管理效率,促进航天产业的快速发展。比如,在《发射与再入许可》中要求美国商务部和交通部在2019年2月1日前拿出新的管理措施;在《商业遥感》中要求美国商务部在90天内重新审查现有的商业遥感管理法规,然后在120天内会同美国国务院、国防部，向美国白宫预算管理办公室提出改进措施等。美国政府希望切实地通过高效的管理水平为商业航天的发展助力，撬动社会资本的力量，加大推进军民商共同助力美国航天力量的发展。NASA 积极开展与 SpaceX、蓝色起源等公司的合作，官方授予多家航天企业《商业太空能力合作协议》，并且以补贴或者低息资金的形式帮助民营航天企业的发展，并通过直接安排派驻高级技术人员和相关专利转让等方式，以此来帮助 SpaceX 等公司发展和验证关键技术，建立自己的航天发射系统。2022 年，美、加、英、法、德等七国发布《联合太空作战愿景 2031》倡议，将通过加强太空合作，发展太空军事联合作战能力，同时也需要防止太空冲突。随后，在 2023 年 3 月 2 日，马斯克的 SpaceX"猎鹰 9 号"火箭与"奋进号"载人龙飞船（Crew Dragon）航天器从美国佛罗里达州卡纳维拉尔角肯尼迪航天中心的 39A 号发射台发射升空，顺利地将四名宇航员送入国际空间站（ISS），这也是民用航天载人的又一创举。

　　欧洲航天局（简称"欧空局"）在 1975 年成立，是一个致力于探索太空的欧洲政府间组织，共计 22 个成员国参与，总部设立在法国巴黎。2022 年，欧空局发布《Terrae Novae 2030＋战略路线图》，旨在为欧洲建立可行、有韧性的太空活动框架，并将近地轨道、月球和火星视为太空探索重点。据公开资料显示，欧洲的商业航天模式主要采用公私合营（PPP）的发展模式，以国家资金和政治力量为引导，将企业和社会资本融入其中，以更为市场化的机制来争取全球的市场份额，政策上也对航天企业做出一揽子的支持。欧空局宣布欧洲的航天行业已经进入"航天 4.0"时代，这是全新的航天事业发展阶段，其航天发展具有自由、融合，与社会互动、国际化、商业化等鲜明特征。2017 年，日本发布了《航天工业展望 2030》，将为日本航天工业发展创造新环境。自印度政府宣布太空改革以来，2022 年，位于印度海得拉巴的 Skyroot Aerospace 公司的火箭 Vikram-S 首次发射成为印度民营航天部门历史上最重要的时间点。

马斯克的火箭回收技术已经普遍应用到自己的"星链"发射上，成本大幅下降带来的地面服务和应用质量出现明显提升，加上资本的不断加持，给马斯克的企业集团带来了新的盈利增长点。火箭能够大批量发射卫星以及载人航天器到空间站、月球乃至未来的火星，对全球除美国之外的各国都是不小的挑战。虽然马斯克的公司 SpaceX 属于私营公司，但是它毕竟是美国公司，技术上并没有对外完全开源。这也就意味着，在市场竞争层面，要想把控卫星和使用成本，第一步就需要选择成本比较低的火箭发射。马斯克的火箭如果只是作为运载工具，是可以成为全球大部分相关厂商的合作伙伴的。不过，马斯克也可以制造卫星，并应用于通信、网络、遥感、导航等各种场景，在相关地面服务商看来，这是潜在的威胁，有关航天太空领域有可能会出现马斯克"垄断"的可能性。这样通过先进的技术和较低的成本形成垄断或者半垄断，掣肘他人的产业发展，在笔者看来，马斯克的"太空垄断"已经初见雏形。这也是为什么商业航天领域逐渐变成投资热门赛道的理由，全球首富都在往太空发射火箭和卫星，这条赛道从全人类角度来看也是值得投资的。关键是自己投资的标的能不能脱颖而出，成为第二个SpaceX，这是风险也是未来的高收益回报能够存在的基础。

我国一直以来对航天领域都非常重视，对其中相关企业的领域也都有巨大的投入。除了熟悉的航天科技作为火箭发射的世界龙头之外，还有制造卫星的长光卫星等专业卫星公司，蓝箭、零壹空间、星河动力、星际荣耀、银河航天等民营火箭公司，都已经达到了估值上百亿元的水平。在A股审核标准对盈利更加严苛的情况下，民营商业火箭国内公司很难在数年内实现上市，只能通过多轮次的融资和订单的增加来维持团队的稳定性，并且保持估值的不断增长。假设出现团队关键人离开或者是订单没有增长的情况，很有可能倒在上市的道路上，更有甚者可能会破产清算。商业航天是块大蛋糕，现在的应用市场已经在不断"内卷"，更何况还有SpaceX这样的"达摩克利斯之剑"随时准备收割后路，我们要在人才培养和技术研发上投入更多的精力和财力，才有可能不在航天太空领域被"卡脖子"。

空、天、地一体化鼓励卫星产业，国进也需民进

空、天、地一体化信息网络是由多颗不同轨道上、不同种类、不同性能的卫星形成星座覆盖全球。资料显示，地球低轨可容纳约5万颗卫星，"星链"项目已经计划发射4.2万颗，大部分被规划在内，亚马逊公司与3家火箭公司签署83次发射协议，用于部署由3 236颗卫星组网的"柯伊伯"星座，其他大大小小的世界五百强公司也有一部分在规划设计卫星上天工程，如此一来，未来的地球低轨空间将变得拥挤不堪，随时可能发生风险（见表3-1）。

按照定义来说，空间应用卫星根据用途可分为通信卫星、遥感卫星和导航卫星。通信卫星是以卫星为中继站进行数据通信，可用于传输电话、电报、传真、数据和电视等信息，具体分为卫星广播业务（BSS）、卫星固定业务（FSS）和卫星移动业务（MSS）。国内已应用的代表卫星如中星系列（广播业务）、天通卫星（移动业务）等。遥感卫星通常是沿着地球同步轨道运行，是用来当外层空间的遥感平台的卫星，所有的遥感卫星

表 3-1 世界各国低轨卫星星座申报情况（数据截至 2022 年 3 月 20 日）

国家	公司名称	星座名称	数量（颗）	已发射
中国	星网公司	GW	12 922	—
	航天科技	鸿雁	72	3
	航天科工	虹云	156	1
	银河航天	—	650	7
	中国电科	天仙	96	2
美国	SpaceX	Starlink	42 000	2 335
	亚马逊	Project Kuiper	3 236	0
	Lynk Global	—	5 000	5
	AST SpaceMobile	Space Mobile	243	—
	波音公司	—	147	—
英国/印度	OneWeb	一网计划	6 372	254
波兰	SatRevolution	—	1 024	2
俄罗斯	俄罗斯航天集团	球体	600	—
加拿大	Telesat	Lightspeed	1 671	1
	开普勒通信公司	立方体卫星星座计划	140	2
合计	—	—	74 353	2 612

注：数据来源于《我国低轨卫星互联网发展的问题与对策建议》，国盛证券研究所。

都需要有遥感卫星地面站，从遥感集市平台获得的卫星数据可监测到农业、林业、海洋、国土、环保、气象等情况。遥感卫星主要有气象卫星、陆地卫星和海洋卫星三种类型，国内已应用的代表卫星如零重空间的"灵鹊星座"、国家的遥感系列卫星等。

导航卫星能够提供基于全球卫星导航系统的导航、定位、授时等基础信息服务以及相关的行业应用服务，全球主要四大卫星导航系统包括 GPS、北斗、伽利略、格洛纳斯等。日前，高德地图总裁刘振飞向媒体宣布，截至 2023 年 1 月的最新数据，高德地图调用北斗卫星日定位量已超过 3 000 亿次，创下了历史新高。天基设备广泛影响着日常生活，主要应用领域包括通信传输、导航定位、遥感探测、地球观测、气象服务和金融交易。

据统计，卫星通信有可能成 6G 网络重要组成，我国卫星通信市场规模达 800 亿元。2020 年 4 月，国家发改委首次将卫星互联网作为网络基础设施纳入"新基建"范围，明确了建设卫星互联网的重大战略意义。卫星轨道属于战略资源，2021 年 4 月 26 日，中国卫星网络集团有限公司成立（简称"中国星网"）。根据中国星网向联合国国际电信联盟提交的星座频谱申请显示，在未来，中国星网计划建设一个包含了 12 992 颗卫星的庞大的星座系统，同时中国星网也有在 2024 年年中便开始进行卫星太空首发的计划。通信卫星产业方兴未艾，一直是央企重点发展的方向之一，其中，中国航天科工集团有限公司的"虹云"星座、中国航天科技集团有限公司的"鸿雁"星座以及中国电子科技集团有限公司的"天仙"星座等，都在开展全球低轨通信星座的设计论证，并计划发射试验卫星。

据公开信息显示，作为国内唯一一家"网络覆盖国内外、主业实业相协同、天地一体全业务"的电信运营企业，中国电信统筹推进"天星、地网、枢纽港、云资源池"一体化布局，通过加快建设天通一号卫星移动通信系统民用设施，不断提升天通物联网能力，着力推动地面网络与卫星网络全系统融合。"星链（Starlink）"是埃隆·马斯克美国太空探索技术公司（SpaceX）的卫星星座，拟定建立一组多达 4.2 万颗卫星网络，为全球受众提供高速、低延迟的互联网服务。据统计，"星链"星座正在为 41 个国家和地区，共计超过 60 万人提供天基网络和通信服务，信号覆盖范围囊括了全球七大洲、四大洋。2022 年 12 月 1 日，美国联邦通信委员会（FCC）发布公告称，有条件地部分批准和部分推迟马斯克旗下太空探索技术公司（SpaceX）关于部署和运营 29 988 颗第二代"星链"卫星的申请，也是美国政府对民间商业航天公司的强力支持。目前，马斯克的 SpaceX 公司已获准在 525、530 和 535 千米的高度运营 7 500 颗第二代星链卫星，并获授权开展发射和早期轨道阶段（LEOP）的操作和卫星升轨期间的测试应用。据海外媒体报道，俄乌冲突期间，SpaceX 公司向乌克兰捐赠了一批"星链"地面站，此外，一些"利益相关者"向乌克兰提供了 5 000 台"星链"终端，帮助乌克兰收集军事情报以提高其军事打击的精确性，相关情况用于包括态势感知、导弹引导、无人机作战等需要通信信号的举措。由此可见，拥有先进航天技术的企业或者国家能够对军事战局产生巨大的影响，民用和军用并没有特别明显的分水岭，都是可以互通互用的，这也给我们敲响了警钟。2022年12月3日，SpaceX又对外发布了"星盾"计划。据称，按照下一步设计，"星盾"系统将在"星链"技术和发射能力的基础上，专门为美国国防部及美国其他政府部门提供遥感监测、保密通信和军用载荷搭载等服务，可以说是民用商业化运用系统进行"民转军"的典型案例，也从另一方面印证了我们必须要有自己的"中国星网"，否则在未来的军事中会遭遇意想不到的打击。

卫星应用的变现渠道比较多，简单讲几种：一是可以找企业和地方政府冠名发射的卫星，微纳卫星在太空使用寿命约为三到五年，卫星发射可以通过电视媒体、网络短视频、微博等媒体进行宣传，有的卫星制造企业可以通过制造订单总成本控制直接冠名相关企业和地方政府，企业也可以冠名尚未被冠名的卫星。二是可以以航空航天科教园的形式，为二、三、四线城市完成航天知识普及教育，不但可以让当地的学生对航天领域有一定的了解，开拓眼界，还能够拿到一定的教育补贴和当地税收优惠及补贴，完全可以通过市场化的门票收入和政策性的补贴完成投入产出比的平衡。三是可以做航空航天相关纪念品，NASA也有不少联名款的消费品类，国内同样可以将航天理念融入消费品中。如果有登陆资本市场的想法，在拿到稳定客户的稳定订单时，它也是很容易被资本青睐的，就像笔者前面讲的，商业航天连全球首富都在纷纷下场，这个行业的前景是大可乐观的。

我国对卫星行业的把控尤其是通信卫星的限制比较多，通信领域的运营商也被中国联通、中国移动、中国电信和中国广电四家公司所占据。根据工业和信息化部发布的《2023年上半年通信业经济运行情况》，我国移动电话基站总数达1 129万个，比上年末净增45.2万个。其中，5G基站总保有数达到293.7万个，占移动基站总数的26%。虽然马斯克的"星链"已经把卫星通信和网络传输日常化，但是按照移动通信基站作为基础设施建设的投入来看，我国的通信依然以基站支持为主要方式。"星链"也确实指出了另外一条路子，通过卫星完成全球各地无障碍无死角实时的信息传输可能是最终的结果。在通信卫星发射数量足够多的情况下，在成本负荷能够在应用端完成覆盖的情况下，基站未来也会成为卫星传输的有益补充。

导航带来的出行方便是信息传输的另外一种功能，定位导航是实现无人驾驶的基础设施。几乎所有在外作业的智能机器设备都需要有北斗导航的支持，包括植保无人机、农用大型智慧机械、军队机械化武器装备等，否则无法实现无人化和智能化。如果定位导航不够精确，还会带来非常不利的影响，运动轨迹和定位都无法完成。无人机、智能网联汽车、军用武器等也需要我国自主研发的导航产品，在民用上有儿童电话手表、老人紧急呼叫定位仪器等都需要导航定位相关模块。北斗导航的各项运用场景已经相继挖掘出来，未来能够发掘出更大的价值。

纵观全球各国对商业航天领域的投入，国家队和民营企业都是主力军，原因是市场天花板足够高，应用场景的想象空间巨大，且只要有商业航天的概念，就能够吸引资本和民众关注，能带来很强的眼球经济。

商用大飞机独步千里赶英超美

航空航天相辅相成，航空领域的国之重器也有了C919。无论从军用还是民用的角度，飞机制造都有"工业科技之花"之称，技术方面涉及先进动力、电子信息、新材料、现代制造、自动控制、新一代信息技术等众多领域，国际上波音公司（以下简称"波音"）和空中客车公司（以下简称"空客"）的飞机也是服务于军民领域，江湖地位不分伯仲，市场占有率也不相上下。

根据中国报告大厅对2023年1—8月全国民航客运量进行

监测统计显示，2023年1—8月全国民航客运量为41 016.27万人，累计增长122.4%。而截止到2022年年底，我国的所有在册飞机为4 165架。根据中国商用飞机有限责任公司（简称"中国商飞公司"）预测，2021年至2040年，中国航空市场预计将接收9 084架新商用飞机。这20年，中国增加的新在册飞机数量将是过去总量的两倍，以此推论，届时中国将会成为全球最大的单一航空市场，也将成为国际几大商用飞机制造商的必争之地。中国商飞有三条飞机生产线，分别是ARJ21、C919和CR929，其中，C919整机的设计方案、零部件及系统之间的集成具备完全独立自主知识产权。C919机身长度为38.9米，翼展宽度为35.8米，机身重量达到72.5吨，跟空客A320和波音737属于同一级别，是打破西方大型民用客机垄断的重要里程碑。C919很快也因为我国庞大的市场需求，能够迅速投入使用并在市场站稳脚跟。2023年9月28日，上市公司中国东方航空股份有限公司（以下简称"东航公司"）发布晚间公告，东航公司与中国商用飞机有限责任公司签订《C919飞机买卖协议》，东航公司向中国商飞购买100架C919飞机，价格合计约为710.80亿元。这次采购是东航公司在2021年签订首批5架C919的基础上的第二次采购。采购代表了东航公司对C919技术成熟度的认可，也代表了乘客对C919乘坐体验度的高度满意。至此，C919大型客机已经一步一步把单笔订单做到了20

倍的增长，充分展示了其强大的市场潜力。东航公司和中国商飞的交易所带来的标志性意义意味着中国商用大飞机正不断精进，准备超英赶美了。

2023年9月28日，空客在天津投资建设的A320系列飞机第二条总装线正式破土动工。这也是从2008年第一条生产线落地后的再次大规模投资，为空客2026年能够年产900架A320系列飞机，抢夺全球市场提供了强有力的支持。说白了，空客也是利用我国对外资投资的吸引政策，利用国内人力和材料成本较低的优势，向我国和全球输出产品。

中美贸易摩擦使中美之间的产业供应链受到了极大的影响。美国和欧洲的适航证一直没有给到中国商飞，取得适航证也就是"准飞证"，用以表明该架飞机处于安全可用的状态，因此，C919没办法飞往美国及其盟国，这也是欧美变相地对我国的航空飞机"卡脖子"。国家都是考虑自身利益，自然会在不同的领域进行博弈。波音公司作为单体交易金额庞大的交易对手，也是美国最大的出口企业，排在首位成了博弈的对手。2020年，波音公司关闭了生产787宽体飞机的南卡罗来纳州工厂和西雅图工厂的商用飞机两个工厂，已经说明了问题。波音的市场占有率一直位居第一，此消彼长，腾出来的市场空间给了中国商飞提升市场占有率的绝佳机会。

2023年，文莱宣布从中国购入C919飞机以及ARJ21支线客机,这表明东南亚市场已经顺利打开。由此可见,美国和欧洲的适航证也不是万能的,在这个世界上机会永远不止一个,中国商飞在东南亚的飞机销售可以扩大我国的影响力,进一步提高我们在国际上的竞争力。

中国商飞在发展大型民用客机的进程中,国际专利的使用是不小的障碍,无论是发动机还是机舱内的各种设备都是在波音和空客先发优势的基础上逆境求生,一步步开始研发创新,努力做到不让任何设备在技术专利上被"卡脖子"。先发者的优势在于他们在基础理论的支持下进行了充分的发明创造,但是在聪明才智和投入方面,后发者并不逊色于先发者。若技术差距达到二三十年,那么在大家都持续进步的情况下,短时间内赶超实际是需要下大功夫的。我国在C919的研发创新上充分展现出后发者的优势,我们是完全有可能摒弃传统思路,以更加开放、更加实用的态度去发明创造。"前车之鉴,后事之师",中国商飞的后发优势源于不管在技术上还是在商业模式上,波音和空客都是很好的老师,使我们避免了很多试错成本。虽然它们在专利等方面有先发优势,然而,我们通过对这两家公司的深入学习得以站在相对更高的技术起点上。中国商飞对多学科集成技术的全面掌握,形成了较高的技术壁垒,产品质量随着规模扩大和技术改造的不断升级,成为保证企业价值不断攀升的护城河。

C919 带动的大型民用客机产业集群的构成极为广泛，它不仅推动了现有制造业公司的产品系列拓展，也通过航空的高端配置，对现有设备和生产工艺进行了优化与提升。依托中国长期以来制造业大国的地位，强大的产业供应链也让 C919 实现了 60% 以上零部件国产的可能性。据《新京报》文章《C919 开启中国航空制造业规模化"第一步"》所说，"通过 C919 的设计研制，我国掌握了民机产业 5 大类、20 个专业、6 000 多项民用飞机技术，带动了新材料、现代制造、电子信息等领域技术的集群性突破，提升了国内商用飞机机体结构、机载系统、材料和标准件配套能级。预计到 2035 年，依托大飞机产业园形成的产业配套，将支撑中国商飞公司 200 架以上大型商用飞机的年生产能力，形成设计研发、技术创新、生产制造、市场销售、航线运营、维修维护、产品拆解等各个环节的配套产业建设，带动航空产业年产值 3 000 亿元以上"。

当然也有采购的核心零部件，包括德国科隆捷公司生产的起落架，美国霍尼韦尔公司的电传飞控系统、辅助动力装置，法国 SAFRAN 公司和美国通用电气公司的合资公司 CFM 国际公司生产的 CFM LEAP-1C 型号发动机，美国罗克韦尔柯林斯公司的气象雷达和模拟系统，法国米其林公司生产的轮胎等。其实包括波音、空客在内的巨头都不能够通过本国固有的产业链完成飞机整机的制造和集成，都是"万国拼装"，日本也为航空巨头们提供了大量的核心零部件和技术，但是也没有造出本国能够支撑长距离飞行的大型民用客机。所以，很多人将使用别国零部件的国产大飞机视为组装品的逻辑是说不通的，复杂的系统集成能力和强大的研发创新能力是中国能够在众多制造业大国里脱颖而出的核心。

中国民航管理干部学院教授邹建军接受虫广网采访时指出："为取得适航证，C919共完成了489个表明符合性试飞科目，共3 254个表明符合性试飞试验点；267个审定试飞科目，共1 153个审定试飞试验点；495项审定基础条款，合计6 151份符合性报告。"由此可见，适航证并不容易拿到手，其中不仅涉及国与国之间利益之争，还包括技术的全面先进性和安全性等因素。飞机要实现长距离航线间的安全可靠飞行，其难度之大可想而知。

中国经济高质量发展需要在不同的领域发力，航空领域尤其是民用航空领域零的突破，已经打破了以往的利益格局。之前，我们高度依赖波音、空客等西方公司的产品；如今我们根据自身需求拿订单，并谋求在国际市场上与航空巨头竞争。这个转变，如同我们的高铁和5G通信一样，经历了由艰难破局到被客户认可和欣然接受的曲折而痛苦的过程，这绝非一蹴而就的。现有的市场占有者也不可能将市场份额拱手相让，只能是在不断完善技术和服务基础上，从满足国内需求到"走出去"，变成中国经济高质量发展新的原动力。2023 年 11 月 3 日，中国商飞副总经理戚学锋在首届 CATA 航空大会致辞中说，C919 飞机已顺利取证交付，平稳顺利运营突破 1 000 小时。ARJ21 飞机累计交付 116 架，载客量超过 960 万人次，已成为中国支线航空市场的主力机型。为加快推进大飞机规模化、系列化发展进程，ARJ21 型号首批 2 架货飞机成功交付，公务机、医疗机完成取证。C929 飞机已进入详细设计。航空产业高质量发展成绩斐然，已经度过了"万事开头难"的攻坚战阶段，开始有力地在国际上发出自己的声音了。

随着 C919 市场规模的快速扩张，航空产业领域的进步也逐渐突显，具体表现在航空生物质燃油的发展上，其原料由传统的化石燃料转变为以餐饮废油、动植物油脂、农林废弃物等可再生资源为原料的航空煤油。这就类似为手术准备的耗材，也是为了减少碳排放的必要手段。2023 年，中国民航局发布的《"十四五"民航绿色发展专项规划》提出，推动可持续航空燃料商业应用取得突破，力争 2025 年可持续航空燃料消费量达到 2 万吨以上。相信在 C919 迈向国际的同时，我们的生物质燃油也会在质量上有飞速的提升，这将有助于丰富航空产业链，为服务提供商提供更多选择，对技术研发实力的提升有极大的促进作用，进而提升中国制造业和能源行业的整体水平。

跟陆空齐发而至的大国重器——船舶制造

习近平总书记在浙江舟山考察调研时曾指出，修造船领域国际竞争十分激烈，但要看到机遇和挑战并存。我们企业自身就是从无到有、从小到大、从拆船起家发展到覆盖造船、修船、拆船全产业链。要从这样的发展历程中增强信心，同时按照《中国制造2025》的部署，全面提高发展质量和核心竞争力。2013年7月30日，习近平在主持中共中央政治局第八次集体学习时深刻指出，推进海洋强国建设，必须提高海洋资源开发能力，保护海洋生态环境，发展海洋科学技术，维护国家海洋权益。

船舶制造在改革开放以来一直被列为我国的重点发展方向，自2010年中国位居世界造船第一大国以来，包括造船、海工装备、海洋工程、船舶维修在内的产业链条都得到了长足的发展。著名船舶经纪公司BRS集团发布的全球海运及造船市场年度报告显示，截至2022年年底，中、日、韩三国的造船业手持订单全球占比达到94.4%，而欧洲的份额则保持在2.3%左右，美国船企手持商船订单量仅为5艘，与中、日、韩持有订单相比差距显著。中国造船企业手持订单量达1.213亿载重吨，占全球市场份额的比例为50.3%，位居世界第一（见表3-2）。工业

表 3-2　BRS 集团发布全球海运及造船市场年度报告

手持订单量		2021 年	2022 年
中国	市场份额	47.7%	50.3%
	百万 dwt	110.1	121.3
	艘	1 708	1 794
韩国	市场份额	29.6%	29.0%
	百万 dwt	68.3	69.8
	艘	626	734
日本	市场份额	17.6%	15.1%
	百万 dwt	40.7	36.5
	艘	612	587
欧洲	市场份额	2.4%	2.3%
	百万 dwt	5.5	5.5
	艘	288	319
世界其他地区	市场份额	2.8%	3.3%
	百万 dwt	6.4	7.9
	艘	180	188

和信息化部 2023 年 9 月 21 日公布的数据显示，2023 年 1—8 月，中国造船三大指标继续位居全球第一，我国造船业造船完工量 2 798 万载重吨，同比增长 16.9%；新接订单量 5 231 万载重吨，同比增长 86.5%；手持订单量 13 155 万载重吨，同比增长 28.9%。上述三大指标均位居世界第一，我国的船舶制造业继续领跑全球。出口量价齐升，我国船舶出口金额达到 161.8

亿美元，同比增长 20.2%。

经过长时间的发酵，我国船舶制造的研发能力得到了提升，并在各个细分领域开始崭露头角。2022 年 11 月，工业和信息化部、国家发改委、国务院国资委联合发布的《关于巩固回升向好趋势加力振作工业经济的通知》指出，加快邮轮游艇大众化发展，推动内河船舶绿色智能升级。提高大飞机、航空发动机及燃气轮机、船舶与海洋工程装备、高端数控机床等重大技术装备自主设计和系统集成能力。2023 年 6 月 6 日，中国第一艘世界级国产巨型豪华邮轮"爱达·魔都"号正式出坞。"爱达·魔都"号船身长达 323.6 米，宽 37.2 米，标准排水量超过 13.55 万吨，共有 2 125 间乘客舱室，国产大型邮轮全船安装的零件数量超过了 2 500 万个，是 C919 大飞机的 5 倍、"复兴号"高铁的 13 倍，工艺和结构复杂，非同小可。自此，我国开辟了一条新的赛道，集齐了航母、大型液化天然气（LNG）运输船、大型邮轮这三个号称造船工业"皇冠上的三颗明珠"，它们都属于高附加值船舶。至此，海陆空中国都有了代表世界顶级科技水平的、自主知识产权的产品，空中有 C919、火箭、空间站，陆地有新能源电动车，海上有重量级船舶。

在经济下行的情况下，大宗贸易依然会非常活跃，社会的运转不可能戛然而止，无论工业品原材料还是消费品，需求都会保持平稳状态，海洋运力成为各国看重的因素。在新冠疫情期间，运费价格大幅上涨，中国远洋海运集团有限公司拥有1 300多艘船舶，全球航线覆盖160个国家和地区的1 500多个港口，利润出现了飙升。一方面是因为我国的造船能力能够支撑中远海运的逆势扩张，这也说明我国央企船运企业早就意识到海运作为国际运输最便宜的方式是值得加大投入的。另一方面，中国作为世界第一大贸易国家，与全球上百个国家有贸易往来，现金流旺盛的运输业反哺了船舶制造业。在未来经济依然不能确定复苏的情况下，大宗贸易是最值得投资的领域之一，这一领域不但现金流稳定且旺盛，商品还不缺少买方。

运力充足不仅能够确保和平时期本国资源的稳定供给，还能推动大规模的海外贸易，充实外汇储备。在军事领域，充足的运力同样能够运输包括武器、战机在内的战备物资。韩国《环球财经》中《中国大型船舶建造独步天下，美国担忧海外战争时物资运输出现差池》一文提到，鉴于海外战争发生时约90%的军事装备是通过货船运送，一些人对中国造船业（实力）持续增长和美国缺乏竞争力感到"担忧"。

按照我国国民经济规划，我国对船舶制造行业的支持政策重点分为"七五"计划"发展船舶制造业"、"八五"计划"发展民用船舶"、"十一五"计划"发展大型船舶"、"十二五"计划"发展高技术高附加值船舶"和"十四五"计划发展"绿色化、智能化"几个阶段。国际海事组织(IMO)不断制定和完善一系列关于安全、环保、节能、减排、质量要求的国际造船新规范、新标准,通过设定标准推动现有船舶动力向新能源转型。新能源船舶的研发也是值得持续投入的,锂电池、甲醇、氢能、氨燃料等新能源替代原有的柴油等化石能源是大势所趋。假设长江航道里行驶的12万艘船都换成新能源船,碳排放每天将减少数十万吨,有利于我国"3060碳中和、碳达峰"目标的实现。

江苏省、上海市、浙江省是船舶制造主要产区,在产业链主的带动下,大批的船舶上下游企业,如机械加工、冶金、电子、通信和航运企业等蓬勃发展,技术研发、人才培养和生产工艺改造也随着当地船厂订单量的增加而不断增强。制造业的产业集群化和规模化不仅有利于成本的下降和技术的持续迭代提升,还可以拉动就业,并在工作过程中提高工作人员的整体素质。打个比方,我国人口众多,医院需要动手术的患者成千上万,不少外科医生每天要做十几台手术。这种高强度的工作环境不仅让医生们积累了丰富的手术经验,还提高了他们的收入水平。造船行业也是如此,造得多了,操控性、适航性和稳定性便会逐渐达到世界领先水平。借用《卖油翁》里的话讲,技术之所以这么好,"无他,但手熟尔"。

船舶的应用场景也在不断完善的过程中,现在智能化是港口建设和航运建设的重点工作。2023年,《交通运输部关于加快智慧港口和智慧航道建设的意见》出台,提出了发展目标:"到2027年,全国港口和航道基础设施数字化、生产运营管理和对外服务智慧化水平全面提升,建成一批世界一流的智慧港口和智慧航道。国际枢纽海港10万吨级及以上集装箱、散货码头和长江干线、西江航运干线等内河高等级航道基本建成智能感知网。建设和改造一批自动化集装箱码头和干散货码头。全面提升港口主要作业单证电子化率。加快内河电子航道图建设,基本实现跨省(自治区、直辖市)航道通航建筑物联合调度,全面提升内河高等级航道公共信息服务智慧化水平。"供需关系使然,在该意见的刺激下,诸多科技创业公司围绕巨大的港口和航运市场,进一步展开了无人驾驶新能源商用车、仓储搬运机器人、充换电站等多个领域的研发和推广,因此得到了股权投资机构的青睐。

除了政策支持外,我国还对船舶制造业企业研发新技术、新产品采取了包括财政补贴、税收优惠等在内的一系列支持,充分体现了我国对船舶制造业的重视。国家也鼓励金融行业支持船舶制造业,为这一产业注入金融力量,推动其高质量发展。2009年,我国出台《船舶工业调整和振兴规划》明确提出,要"鼓励金融机构增加船舶出口买方信贷资金投放,帮助大型船舶企业集团和其他骨干造船企业稳定现有出口船舶订单"。具体措施包括用船舶基金、金融租赁、银行专项贷款等形式，对造船和买船的企业进行大力支持。国家对船舶制造业投资的力度应该逐步提升，最终在军事或者民用上都能够把生产的主动权抓在手里。

产业集群化效应带来的经济增长效果是显著的，各个沿海地区政府明白，造船类企业的布局基本锁定后，迁址搬家的可能性不大。为了鼓励作为服务国家战略产业的航运业快速发展落地当地，各地政府也都制定了扶持航运业的政策。比如《广州南沙新区（自贸片区）促进航运物流业高质量发展扶持办法》规定，从支持企业落户发展、航线奖、物流奖、经营贡献奖、海铁联运奖、集装箱增量奖、航运服务奖、国际海事服务集聚区奖八个方面，支持航运物流企业在南沙扎根落地，全面支持南沙增强国际航运物流枢纽功能。

第四章

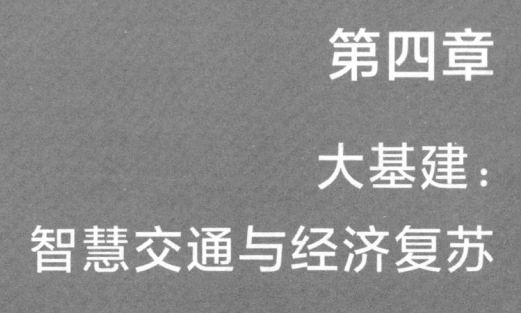

大基建：
智慧交通与经济复苏

随着智能化、数字化的到来，基建也由老而新。为了消除人工智能发展的后顾之忧，我们不但通过数据中心等基础设施建设带动相关产业发展，还通过交通设施升级为人工智能提供实验场景。这一系列举措有助于我们搜集数据、分析数据，让算法等技术更新迭代，不落后于人。

　　大国之间的博弈从未停歇，贸易是冲突最激烈的角斗场。在体现国家利益的贸易中，各国都试图维护自身的利益。我希望你进口我想出口的货物，你必须出口我想进口的货物。这就是贸易霸权的体现，不是公平的贸易。然而这样的贸易形式每天都在上演，至今无法破局。

"新基建"为主,"老基建"为辅,助力经济复苏

"铁公基"泛指铁路、公路、机场、水利等重大基础设施建设,也是笔者所称的"老基建",在 5G 基建、特高压、城际高速铁路和城市轨道交通、新能源汽车充电桩、大数据中心、人工智能、工业互联网这些新型基础建设盛行的年代,"铁公基"依然是我国重点的投资领域,二者相辅相成,缺一不可。尤其是在全球经济出现下行的情况下,政府通过投资加快"铁公基"的建设,来抵御国民经济和居民收入的下降趋势,是国家必须出手的范畴。基建投入规模大,外部效应强,应对经济危机是有先例的,比如 1998 年,我国为了应对东南亚金融危机,拉动内需提振经济,通过发行长期国债,投资基础设施建设。又如,

为了应对 2008 年金融危机和汶川地震提出的"四万亿"基建计划，国务院推出了十项举措，加快民生工程、基础设施、生态环境建设和灾后重建，成为稳定投资、促进消费、保住就业的重要举措。再比如，1929—1933 年美国大萧条时期，罗斯福总统也提出了大规模进行基础设施建设的政策，包括贯穿美国东西部的铁路、胡佛大水坝、西部高速公路等。据统计，美国这三年的基础设施投资额超过了此前二十年的基础设施投资总额。考虑到我国有大量的低收入人口，也考虑到大量农民工需要依靠工程来维持生计，同时国家的基础设施还不够完善，需要补齐短板、转型升级，将传统"老基建"和"新基建"相结合，共同发展为经济复苏提供新的动力。

《"十四五"现代综合交通运输体系发展规划》规定了"十四五"时期综合运输发展主要指标，具体如表 4-1 所示。

表 4-1 "十四五"时期综合交通运输发展主要指标

类别	指标	2020 年	2025 年①	属性
设施网络	1. 铁路营业里程（万公里）	14.6	16.5	预期性
	其中：高速铁路营业里程	3.8	5	预期性
	2. 公路通车里程（万公里）	519.8	550	预期性
	其中：高速公路建成里程	16.1	19	预期性
	3. 内河高等级航道里程（万公里）	1.61	1.85	预期性
	4. 民用运输机场数（个）	241	>270	预期性
	5. 城市轨道交通②运营里程（公里）	6 600	10 000	预期性

(续表)

类别	指标	2020年	2025年①	属性
衔接融合	6. 沿海港口重要港区铁路进港率	59.5%	>70%	预期性
	7. 枢纽机场轨道交通接入率③	68%	80%	预期性
	8. 集装箱铁水联运量年均增长率	—	15%	预期性
	9. 建制村快递服务通达率	50%	>90%	预期性
智能绿色	10. 重点领域④北斗系统应用率	≥60%	>95%	预期性
	11. 城市新能源公交车辆占比⑤	66.2%	72%	预期性
	12. 交通运输二氧化碳排放强度⑥下降率	—	〔5%〕	预期性
安全可靠	13. 道路运输较大及以上等级行车事故万车死亡人数下降率	—	〔12%〕	约束性
	14. 民航运输飞行百万小时重大及以上事故率（次/百万小时）	0	〔<0.11〕	约束性
	15. 铁路交通事故十亿吨公里死亡率（人/十亿吨公里）	0.17	<0.3	约束性

注：①〔 〕内为5年累计数。②指纳入国家批准的城市轨道交通建设规划中的大中运量城市轨道交通项目。③指国际枢纽机场和区域枢纽机场中连通轨道交通的机场数量占比。④指重点营运车辆、邮政快递自有干线运输车辆、应安装具备卫星定位功能船载设备的客船及危险品船等。⑤指新能源公交车辆占所有地面公交车辆的比重。⑥指按单位运输周转量计算的二氧化碳排放。

国家发改委创新和高技术发展司司长伍浩介绍，新型基础设施是以新发展理念为引领，以技术创新为驱动，以信息网络为基础，面向高质量发展需要，提供数字转型、智能升级、融合创新等服务的基础设施体系。新型基础设施主要包括三个方面内容：一是信息基础设施，主要是指基于新一代信息技术演化生成的基础设施，比如，以 5G、物联网、工业互联网、卫星互联网为代表的通信网络基础设施，以人工智能、云计算、区块链等为代表的新技术基础设施，以数据中心、智能计算中心为代表的算力基础设施等。二是融合基础设施，主要是指深度应用互联网、大数据、人工智能等技术，支撑传统基础设施转型升级，进而形成的融合基础设施，比如，智能交通基础设施、智慧能源基础设施等。三是创新基础设施，主要是指支撑科学研究、技术开发、产品研制的具有公益属性的基础设施，比如，重大科技基础设施、科教基础设施、产业技术创新基础设施等。

"新基建"作为提升国民经济水平的重要领域，充分体现了新一代信息技术发展所需要的科技基础底座，只有普遍设立"新基建"，才能够让通信物联网、大数据、云计算、人工智能等数字经济、战略新兴行业与实体经济完成紧密结合。2020 年 4 月，习近平总书记在浙江考察时指出，"要抓住产业数字化、数字产业化赋予的机遇，加快 5G 网络、数据中心等新型基础设施建设"，"新基建"理念一经提出，各地就发布了超过 40 万亿元的投资计划，引发了高科技企业创业潮，刺激了经济快速发展。国民经济发展不但包括第一、二、三产业的均衡发展，也包括纵深推进让农民过上更具质量的生活，也就是说除了通过"新基建"加快工业化、城市化进程以外，我们还需将农村、农业的改造作为新的起点。

"铁公基"建设的很多经验，可以为"新基建"的建设队伍提供借鉴和指导。一是不能"大干快上"，不考虑相关产业的发展进度，要在建设节奏上与相关行业匹配。尤其是在技术和产品都不成熟，还不能迅速产生效益的时候，"新基建"的"大干快上"可能会存在因更新迭代造成的资源浪费和重复建设。比如过去一个只有 2 万人的贫困县建设了一个可以容纳 3 万人的体育场，这是忽视当地实际情况，纯粹浪费资源。二是要提升"新基建"人员的综合素养。"新基建"与科技进步紧密结合，有许多传统基建不熟悉的技术要求，比如建设互联网数据中心（IDC）对通风、储能、网络等都有比较细致的要求，需要配备相关专业人员。三是要在完成必备的基础建设后，将注意力转移到社会资本管理和运营上来，怎么利用建设完成的基础设施，达到传导效应，让投入其中的国家资本和社会资本得到回报，这也是在建设初期的可行性研究报告中应该深入分析和判断的重要环节。

不管"老基建"还是"新基建"，短、中、长期效益都应该考虑到，谨防出现后遗症。1998 年增加发行国债，施行积极的财政政策，让当年的财政赤字达到了 980 亿元；1999 年再次突破达到 1 797 亿元；2002 年达到 2 098 亿元，财政赤字占 GDP 的比重从 1998 年的 1.14% 提高到了 2000 年的 2.6%；2002 年财政赤字占GDP的比重接近2.6%。国家已经进入了举债建设以拉动内需的循环，带来的后果是GDP增长过快、投资过热，导致通货膨胀，人民币贬值。

解决后遗症的办法也是有的，"老基建"和"新基建"这两项加起来能够起到1＋1＞2的效应，短期内实现效益的可能性不大，但总要找到埋单的人。基础设施建设之后就是企业通过建设完成后的基础设施进行科技延伸，研发产品，推向市场，找到消费者，最终综合成本是由消费者来埋单。消费者对新科技新产品认可，就愿意掏腰包购买，也就能够给"老基建"和"新基建"的投入成本和带来一定的收益。举个例子，"老基建"包括了高速公路的建设，高速公路收费站的收取年限就是按照投入产出比精确计算出来的，不可能有永远收费的高速公路，收取的费用先用于覆盖工作人员的薪酬、年度维护成本以及金融机构的财务成本。然后逐步将投资方投入的成本和收益按照一定比例进行计提，最终达到一种投资人愿意长期投资获得稳定收益，并且愿意按照相应模式进行复制投资。这样不仅能够达到投资人和消费者都满意的"双赢"结果，还能够吸引可以长期支持此类商业模式的投资人，何乐而不为？

大国的投资是多样化的，其决策过程必定要深思熟虑，综合考量社会效益和经济效益，确保宏观上和微观上，短、中、长期效益实现紧密结合，从而保证国泰民安，政通人和。

全智慧交通产业链值得下重注

科技发展的重要作用是为了让各项生产和生活更高效、更便捷、更实用,同时总体看来成本更低。智慧交通作为万亿元级市场,也是离人们生产生活最近的领域,新兴技术和科技对其影响不容小觑。根据国务院印发的《"十四五"现代综合交通运输体系发展规划》,到2025年,综合交通运输基本实现一体化融合发展,智能化、绿色化取得实质性突破,综合能力、服务品质、运行效率和整体效益显著提升,交通运输发展向世界一流水平迈进。《"十四五"现代综合交通运输体系发展规划》囊括了所有的板块。

(1)智能铁路。实施新一代铁路移动通信专网工程。选择高速铁路线路开展智能化升级。推进川藏铁路应用智能建造技术。实施铁路调度指挥系统智能化升级改造。

(2)智慧公路。建设京雄、杭绍甬等智慧高速公路工程。深化高速公路电子不停车收费系统(ETC)在多场景的拓展应用。建设智慧公路服务区。稳步推进集监测、调度、管控、应急、服务等功能于一体的智慧路网云控平台建设。

（3）智慧港口。推进大连、天津、青岛、上海、宁波舟山、厦门、深圳、广州等港口既有集装箱码头智能化改造。建设天津北疆C段、深圳海星、广州南沙四期、钦州等新一代自动化码头。在"洋山港区—东海大桥—临港物流园区"开展集疏运自动驾驶试点。

（4）智能航运。完善内河高等级航道电子航道图，实施长江干线、西江航运干线数字航道服务能力提升建设工程，试点建设应用智能航标，在三峡坝区河段等长江干线典型区段开展数字航道智慧服务集成。建设京杭运河数字航道。推进涪江、信江等智慧航道建设。推进船闸智能化升级，加强梯级船闸联合调度。完善船岸、船舶通信系统，增强船舶航行全过程船岸协同能力。开发应用电子海图和电子航道图的船载终端。

（5）智慧民航。围绕智慧出行、智慧物流、智慧运行和智慧监管，实施容量挖潜提升工程，推进枢纽机场智慧化升级，建设民航智慧化运营管理系统。

（6）智慧城市轨道交通。推进自主化列车运行控制系统研发，推动不同制式的轨道交通信号系统和有条件线路间的互联互通。构建智慧乘务服务、网络化智能运输组织调度、智慧能源管理、智能运维等系统。推广应用智能安检、移动支付等技术。

（7）综合交通运输信息平台。完善综合交通运输信息平台功能，推进地方交通大数据中心和综合交通运输信息平台一体化建设。实施铁路 12306 和 95306 平台优化提升工程。推广进口集装箱区块链电子放货平台应用。建设郑州等航空物流公共信息平台。研究建设无人驾驶航空器综合监管服务平台。

新技术与传统业态的结合是在新基建支持下,技术颠覆和突破性带来的显而易见的产业转型升级,降本增效是科技带来的实质好处,节省了社会资源,优化了资源配置。可想而知,人工智能的场景能够最快变现的是智慧交通,包括安防摄像头企业、云计算厂商、算法服务商、服务器提供商、卫星导航遥感服务商、智慧交通软件系统等。近几年,我国在智慧交通领域投入巨大,成为万亿元级市场,希望能够将交通行业与数字化、智能化不断融合,从而为上述企业提供生存空间。

在此提到智慧交通,不得不提的是"天网工程"。据公开资料显示,"天网工程"是 2015 年由中央政法委牵头,由公安部联合工业和信息化部共同发起建设的国家工程。"天网工程"是为满足城市治安防控和管理需要,在交通要道、治安卡口等公共聚集的复杂场所安装视频监控设备,利用 GIS 地图、图像采集、传输等技术对固定区域进行实时监控和信息记录的视频监控系统,主要目的是为城市综合管理和突发性治安灾害事故提供可靠的影像资料。据统计,摄像头数量应用最广泛的分别是城市交通、城市治安、政府项目、金融四大类,也组成了"天网工程"的四个重要领域。在法律层面,《中华人民共和国反恐怖主义法》对主要道路、交通枢纽、城市公共区域的重点部位，以及防范恐怖袭击的重点目标安装使用公共安全视频图像信息系统等技防设施作出明确规定。按照《"十三五"平安中国建设规划》《中华人民共和国国民经济和社会发展第十三个五年规划纲要》以及《关于加强社会治安防控体系建设的意见》，都对公共安全视频监控建设联网应用、技防建设提出了具体要求。原中央综治办、国家发改委、公安部等9部门印发的《关于加强公共安全视频监控建设联网应用工作的若干意见》提出了"全域覆盖、全网共享、全时可用、全程可控"的发展目标和各地区各部门的建设任务。由此可见，"天网工程"未来将在我国的生产生活中起到时刻保护人民、时刻服务于各项政府活动等作用。

"天网工程"的最大受益者是安防领域龙头海康威视，这是一家以视频为核心的智能物联网解决方案和大数据服务提供商，也是央企中国电子科技集团的子公司，根据安防行业权威杂志《安全自动化》公布的一年一度"全球安防50强"排名，2022年海康威视位列全球安防企业第一，连续六年蝉联安防领域榜首。海康威视自2001年成立以来，截至2023年10月底市值超过3 000亿元，2023年三季报营业收入612.8亿元，归母净利润88.51亿元。从2010年上市至2022年，净利润从10.52亿元增长至128亿元，增长了近13倍。龙头的顶层设计和产品设计是值得学习的，按照海康威视对自己产业优势的定义——"两池一库四平台","两池"是计算存储资源池、数据资源池,"一库"是算法仓库,"四平台"是资源管理调度平台、数据资源平台、智能应用平台、运维服务平台。

智慧交通领域根据数据采集和处理的要求不同,也会有不同的摄像头硬件和软件需求,可以分为超速抓拍摄像头、违停抓拍摄像头、天网监控摄像头等多种类型。据相关部门统计,我国的摄像头总数达到了 3.65 亿个,在道路交通系统中,摄像头的数量超过了 2 400 万个。为了能够规范道路行驶,通过摄像头对交通违法进行治理。按照 2022 年公安部发布的数据,我国机动车保有量为 4.12 亿辆,其中汽车 3.15 亿辆,按照每辆车每年违法 4 次,那么一年一共可以产生将近 2 500 亿元的违法罚款,通过违法治理能够填补对相关硬件软件设施的投入,在一定程度上避免出现较大的交通事故。同时便于对路况进行实时监测,进行交通调度。

智慧交通领域的摄像头采集分析数据,需要有人脸识别算法来判断违法等现实场景,并且对违法人员进行识别,因此在 2016 年后出现了人脸识别"四小龙"——商汤、旷视、云从、依图,吸引了大批国家队和社会资本介入。人脸识别可在模糊、遮挡(口罩、墨镜)等不利条件下进行精准人脸检测,然后用云服务将人脸识别结果提供给公安系统及政府部门。商汤科技已经在香港交易所完成上市,截至 2023 年 10 月底,市值近 500

亿港币（约合人民币 460 亿元），2022 年底收入 38.09 亿元人民币，亏损为 60.45 亿元人民币。商汤这类的科技企业，研发人员众多且平均薪资较高，如果产品的市场化程度不高，企业效益很难达到投入产出的平衡。在前期"战略性亏损"——"新业态、新模式的出现，一般很快会吸引诸多人的模仿和突进，商业模式的创新和对过去生态的颠覆，需要用资本来验证和推动，因此，烧钱扩张被美其名曰'战略性亏损'。"[①] 在战略性亏损不能长时间维持的情况下，尽快研发出能够与市场需求匹配的产品才是这类科技研发企业必须要做的，打仗就需要有充足的弹药，研发部门就是生产研发这些弹药，让销售部门"打出去"，最后换来现金流。如果公司高层没能意识到可以换来现金流的研发才是真正有价值的研发，那么公司在亏损的道路上还将面临漫长的艰难时期，能不能撑到下一个风口和融资窗口都是未知数。

全国统一大市场适配交通强国

2022 年 4 月 10 日，《中共中央 国务院关于加快建设全国统

[①] 于智超：《投资人的逻辑：投融资策略与上市思维》，北京联合出版有限公司 2021 年版，第 105 页。

一大市场的意见》发布。全国统一大市场，是指在全国范围内，建设一个市场的基础制度规则统一，市场的设施高标准联通，要素和资源市场以及商品和服务市场高水平统一，同时，市场的监管要公平统一，不正当市场竞争和市场干预行为要进一步规范的大市场。习近平总书记指出："构建新发展格局，迫切需要加快建设高效规范、公平竞争、充分开放的全国统一大市场，建立全国统一的市场制度规则，促进商品要素资源在更大范围内畅通流动。""流通体系在国民经济中发挥着基础性作用，构建新发展格局，必须把建设现代流通体系作为一项重要战略任务来抓。""在当前国际形势充满不稳定性不确定性的背景下，立足国内、依托国内大市场优势，充分挖掘内需潜力，有利于化解外部冲击和外需下降带来的影响，也有利于在极端情况下保证我国经济基本正常运行和社会大局总体稳定。"

全国统一大市场的理论提出，主要是为了打破地方保护主义，对生产要素进行资源优化配置，提高劳动生产效率和物流流通效率。传导到生产端，无形中提高了产品和资金的周转率，提升了资金的使用效率，能够做大生产产值和收入体量。由此也会进一步增加生产厂商的利润率，增加相关人员的收入，提升消费水平，扩大内需，形成供需互促、产销并进、畅通高效的国内大循环。

京津冀、长三角、粤港澳大湾区以及成渝双城经济圈等区域 GDP 总和接近全国一半，整体思路是强强联合，在各自的超大城市经济圈内完成地方大开放、大流通和大市场形成，再通过供应链进行产业延伸，将先进的经验和大城市群的理念不断扩散，逐渐覆盖其他区域的市场，最终完成全国统一大市场的布局。2023 年，四川、重庆两省市政府办公厅印发《推动成渝地区双城经济圈市场一体化建设行动方案》，提出到 2025 年，区域内市场基础设施将实现互联互通，商品要素资源流动更加顺畅，市场制度规则基本统一，市场监管协作更加有力，参与国内和国际竞争合作新优势明显提升，区域市场一体化基本实现。2023 年 7 月，北京、天津和河北联合印发《京津冀区域市场一体化建设举措》，从破除市场藩篱、打通循环堵点角度出发，以适度超前、可操作执行为标准，建立健全区域合作机制。此后，上海、江苏、浙江、安徽商务主管部门在北京签署了《深化长三角区域市场一体化商务发展合作协议》。目前，几大发达城市群逐渐将全国统一大市场的理念融入地方统一大市场的政策中，西北区域的省份也不甘落后，甘肃和青海联合印发《兰州—西宁城市群要素市场一体化改革实施方案》，为促进兰西城市群协同发展提供政策支持。2023 年 9 月 7 日，习近平总书记也在主持召开新时代推动东北全面振兴座谈会的讲话中指出："要系统布局建设东北现代基础设施体系，加快论证和建设油气管道、高铁网和铁路网、新型电网和电力外送通道、新一代移动通信和数据网，加强同京津冀协同发展、长江经济带发展、长三角一体化发展、粤港澳大湾区建设、西部大开发等国家重大战略的对接，促进东北更好融入全国统一大市场。"执行思路已经非常明确，不能放弃任何一个区域。在条件允许的情况下，积极推动多省联合；条件有限，则至少确保一对一的区域联合，让内循环动起来。局部的"舒筋活血"最终会带来全身的"经络打通"，内生动力可以让内需快速活跃起来，也能为出口等贸易奠定更加健全完善的供应链基础。

交通大基建作为让全国统一大市场跑起来的"血管"，不管是大动脉还是毛细血管，都已经在数十年的基建投入中初见雏形，之后就需要注入新鲜的血液使之逐渐循环起来。党的十八大以来，国务院先后印发《物流业发展中长期规划（2014—2020年）》《物流降本增效专项行动方案（2016—2018年）》等政策文件，出台了简政放权、减税降费、补短强基等一系列政策措施，助力实体经济降低物流成本。党的二十大报告再次强调，要降低物流成本。据统计，我国社会物流总费用与GDP的比率由2012年的18%下降到2021年的14.6%，十年累计下降3.4个百分点。中国已成为140多个国家和地区的主要贸易伙伴，货物贸易和服务贸易总额位居世界第一。截至2021年底，我国A级物流企业接近8 000家。中国物流50强企业收入合计已由2012年7 000多亿元升到2022年的2万多亿元，比

2012年增长了近两倍，出现了一批千亿元收入的企业。截至2021年年底，全国共有1 968家网络货运企业，整合社会运力360万辆。商务部累计支持1 489个县开展电子商务进农村综合示范，建设县级物流配送中心1 212个。

按照国务院印发的《"十四五"现代综合交通运输体系发展规划》显示，2035年，便捷顺畅、经济高效、安全可靠、绿色集约、智能先进的现代化高质量国家综合立体交通网基本建成，"全国123出行交通圈"（都市区1小时通勤、城市群2小时通达、全国主要城市3小时覆盖）和"全球123快货物流圈"（快货国内1天送达、周边国家2天送达、全球主要城市3天送达）基本形成，基本建成交通强国。交通强国衍生的智慧物流是当前现金流最好的行业之一，也是诸多科技企业瞄准的主要行业之一。各物流企业主体通过人工智能、区块链、物联网、云计算、大数据等新一代信息技术与传统物流融合，再者，无人仓储、无人码头、无人配送、无人机、物流机器人、智能驾驶卡车、换电重卡和氢能重卡等技术装备的不断加入，智慧物流成了集尖端科技于一身的行业，也成为技术创新收集数据、分析数据及提升算法和技术水平的重要来源之一。

按照《中华人民共和国国民经济和社会发展第十四个五年规划和2035年远景目标纲要》，交通强国建设势在必行，"十四五"期间会有长足发展，具体建设项目如表4-2所示。

表 4-2　交通强国建设工程

01　战略骨干通道 建设川藏铁路雅安至林芝段和伊宁至阿克苏、酒泉至额济纳、若羌至罗布泊等铁路，推进日喀则至吉隆、和田至日喀则铁路前期工作，打通沿边公路 G219 和 G331 线，提质改造川藏公路 G318 线。
02　高速铁路 建设成都重庆至上海沿江高铁、上海经宁波至合浦沿海高铁、京沪高铁辅助通道天津至新沂段和北京经雄安新区至商丘、西安至重庆、长沙至赣州、包头至银川等高铁。
03　普速铁路 建设西部陆海新通道黄桶至百色、黔桂增建二线铁路和瑞金至梅州、中卫经平凉至庆阳、柳州至广州铁路，推进玉溪至磨憨、大理至瑞丽等与周边互联互通铁路建设。提升铁路集装箱运输能力，推进中欧班列运输通道和口岸扩能改造，建设大型工矿企业、物流园区和重点港口铁路专用线，全面实现长江干线主要港口铁路进港。
04　城市群和都市圈轨道交通 新增城际铁路和市域（郊）铁路运营里程 3 000 公里，基本建成京津冀、长三角、粤港澳大湾区轨道交通网。新增城市轨道交通运营里程 3 000 公里。
05　高速公路 实施京沪、京港澳、长深、沪昆、连霍等国家高速公路主线拥挤路段扩容改造，加快建设国家高速公路主线并行线、联络线，推进京雄等雄安新区高速公路建设。规划布局建设充换电设施。新改建高速公路里程 2.5 万公里。
06　港航设施 建设京津冀、长三角、粤港澳大湾区世界级港口群，建设洋山港区小洋山北侧、天津北疆港区 C 段、广州南沙港五期、深圳盐田港东区等集装箱码头。推进曹妃甸港煤炭运能扩容、舟山江海联运服务中心和北部湾国际门户港、洋浦枢纽港建设。深化三峡水运新通道前期论证，研究平陆运河等跨水系运河连通工程。
07　现代化机场 建设京津冀、长三角、粤港澳大湾区、成渝世界级机场群，实施广州、深圳、昆明、西安、重庆、乌鲁木齐、哈尔滨等国际枢纽机场和杭州、合肥、济南、长沙、南宁等区域枢纽机场改扩建工程，建设厦门、大连、三亚新机场。建成鄂州专业性货运机场，建设朔州、嘉兴、瑞金、黔北、阿拉尔等支线机场，新增民用运输机场 30 个以上。

(续表)

08 综合交通和物流枢纽
推进既有客运枢纽一体化智能化升级改造和站城融合，实施枢纽机场引入轨道交通工程。推进120个左右国家物流枢纽建设。加快邮政国际寄递中心建设。

只有以四通八达的交通基础设施做保障，科技加诸物流产业应用，才能够更高效地促进全国统一大市场的施行，才能让各区域产业相融合和补充，取长补短，各取所需，集中优势资源发展当地特色经济，才能有效避免发生不必要的产业重复建设和规划失衡现象。

大国贸易始终都在博弈

贸易是拉动中国经济发展的"三驾马车"之一。根据海关总署发布的数据，2023年上半年，中国商品贸易进出口总额为20.1万亿元，同比增长2.1%，创历史新高。习近平总书记指出："构建新发展格局，首先要把国内大循环搞好，这是治本之策。'双循环'不是要闭关锁国，而是当别人不给我们开门的时候，我们自己还能活下去、活得更好。我们敞开大门，谁来与我们合作都欢迎。经济全球化是大道，大家合作共赢才是最好的。"

大国之间的贸易总会推来搡去，不是东风压倒西风，就是西风压倒东风。在市场化贸易之外，还有体现国家力量的各种政策进行调节或者说干扰。在风口上的新能源必然成为利益争夺的焦点。2022年8月，美国总统拜登签署了总价值为7500亿美元（约合人民币5万亿元）的《2022年通胀削减法案》（*Inflation Reduction Act*，以下简称"IRA法案"）。于2023年1月正式生效，重点关注清洁能源和新能源汽车等领域，其中也包含了针对光伏和储能领域供给、需求两侧的一系列补贴优惠和税收抵免政策。2023年5月12日，美国国税局和财政部正式发布了针对IRA法案中本土制造相关激励补贴的初步指导细则。细则中明确表明，必须满足一定条件的才能够算美国本土制造，才可以享受税收抵免。新版补贴细则共将补贴分为三种类型：投资税收抵免（ITC）、生产税收抵免（PTC）和先进制造生产税收抵免（见表4-3）。

表4-3 IRA法案各补贴抵免所适用的技术资格

ITC	ITC 和 PTC	PTC
储能	太阳能（多种技术）	生物质发电
燃料电池	城市生活垃圾	垃圾填埋气
地热（热泵和直接使用）	风电（多种技术）	水电
微型涡轮机	地热（电）技术	海洋和流体力学

(续表)

ITC	ITC 和 PTC	PTC
热电联产	潮汐	
微电网控制器		
互联		

ITC 针对初始投资成本，PTC 针对发电量，先进制造生产税收抵免要求产品在美国本土完成终端生产。其中，ITC 和 PTC 只能选一种，先进制造生产税收抵免是针对本土制造的额外补贴。细则表示在可获补贴的可再生能源发电产品系统必须满足的要求是：(1) 钢铁部分需 100% 来自美国本土。(2) 构成系统的"制成产品"中美国本土制造价值量占比超过 40%，2023—2025 年占比逐年提升至 45%/50%/55%。满足要求即可获得 10% 的额外补贴。短期内，IRA 法案虽然颁布了，但因为原有产能严重不足，仍然需要购买中国生产的光伏相关产品，看似打击了我国光伏等新能源产业，实质上却放缓了美国当地的建设项目进度。从长远来看，美国的举措是为了吸引包括新能源在内的高端制造业回流美国，吸引国外投资和优秀人才引进，与我国各地的招商引资政策如出一辙。它们都是出于对本国经济发展有利的前提，利用市场来换取企业落地和工厂产能落地。美国的国际国内双循环策略，在本质上与我国的相关政策有异曲同工之处。

无独有偶，2023 年 9 月 13 日下午，欧盟委员会主席乌尔苏拉·冯德莱恩在斯特拉斯堡欧洲议会发表年度"盟情咨文"时宣布，将对来自中国的电动汽车发起反补贴调查，如果发现有补贴等政策，将对中国车企征收惩罚性关税。笔者猜测，其中的导火索是 2023 年 9 月 5 日到 10 日的德国慕尼黑国际车展，包括比亚迪、小鹏汽车等在内的超过 20 家中国汽车企业参展，宁德时代、欣旺达、黑芝麻科技等动力电池企业和智能驾驶及智能座舱科技企业也有参展，大批涌现的中国新能源车及相关产业让德国本土车企有了危机感。截至 2022 年年底，欧洲新能源汽车保有量达到 762 万辆。欧洲各国对新能源车的补贴政策对车企销售是有极大促进作用的，比如法国对替代动力车辆（即电动、HEV、CNG、LPG 和 E85）提供豁免（全部或 50%）；西班牙则在购买电动汽车或安装充电设施时可以减免 15% 个人所得税，减税奖励维持至 2024 年年底，对安装充电设施的奖励截至 2025 年年底；奥地利、芬兰对所有电动汽车均施行免税登记注册等。德国车企想要从欧洲新能源电动车市场分一杯羹，就需要将中国新能源车企的销路切断。

海关总署发布的数据显示，2023 年第一季度，我国超过日本成为全球第一大汽车出口国，出口量达 107 万辆，同比增长 58.1%。其中，新能源汽车出口 24.8 万辆，同比增长 1.1 倍；2023 年 1—7 月，中国汽车已出口 277.8 万辆，同比增长 74%，出口额达到 552 亿美元，增长 103.6%。遥想当年，也曾经有过多次类似的事件，2012 年，美国政府对中国各项输美光伏产品，加征 20%～240% 的惩罚性关税。同年 9 月，欧盟正式宣布对华光伏组件、关键零部件如硅片等发起反倾销调查，涉案金额超过 200 亿美元。2023 年 9 月，印度对我国宣布对 9 种产品进行反倾销调查，涉及滚子链、玻璃纸薄膜、三氯异氰尿酸、软磁铁氧体磁芯、紧固件、无框玻璃镜、硫化黑、伸缩式抽屉滑轨等化学原材料、工业用零部件等产品。

只要国家利益在，博弈就不会停止，制裁、反制已经成为新常态。中国不仅要做贸易大国，更要成为贸易强国。所谓的"强"体现在贸易的产品上。我国有铁矿石、煤炭、石油等大宗商品的需求，另外也必须要有高附加值的科技产品出口，比如我国的高铁、C919、光伏组件、风电组件、动力电池等。世界各国每年都在讲贸易顺差逆差，都想改变逆差，实现顺差。殊不知逆差未必是坏事，顺差也未必是好事，如果进口的多为原材料和加工设备，国内市场又足够庞大，内需也能够对冲外贸逆差带来的不利影响。换言之，如果进口的都是高端的芯片、高端制造设备等，出口的都是低端的、附加值较低的消费品，这样的顺差也并非每个国家都想要的。一方面，大国贸易的关键在于科技产品的海外销售是否能够覆盖面足够广，是否能够通过高附加值把付出的人力和智慧赚回来，能够通过大规模出口带动国内整个同类行业的转型升级,促进进一步的研发投入和产品更新迭代。从长远来看,科技类的企业需要通过出口来增加销售收入,扩展国家市场占有率,另一方面,消费品的出口可以增加国内就业率,尽可能地让相关员工和企业得以生存下去,当然并不排除此类消费品的出口转内销红红火火。

在贸易方面,原则上我们应该遵守"进口宁缺毋滥,出口宁滥勿缺"的信条,不断开源节流,遇到出口到国外再增加附加值内销的产品,国家不妨鼓励企业研究如何进行设备升级改造,去跟国际上的竞争对手一决雌雄。通过这样的努力,逐步推动各行业形成独立自主的研发能力,提升生产技术,构建具有国际竞争力的产业格局。中国作为全球最大的制造业国家和最大的货物贸易国家,完善的供应链足以支撑我们完成产品升级转换,实现贸易货物的升级。

贸易受到冲击势必会对国家的经济发展产生巨大的不利影响。假设国外始终对我们的贸易持排斥态度,那我们就真的需要把国际国内双循环的方针坚持到底。2020年7月30日,习近平总书记在中共中央政治局会议上,提出了要"加快形成以国内大循环为主体、国内国际双循环相互促进的新发展格局"。国际国内双循环提出的背景就是全球经济深陷"长期性停滞"格局,中美贸易摩擦,源于美国及其联盟国对中国生产的各种商品进行限制进口,并提出各种苛刻的交易条件。据公开资料显示，2020年，美国和日本对外贸易依存度分别为18.3%和25.2%，明显低于世界42.1%的平均水平。反观我国改革开放初期，我国的海外依存度曾经高达70%，自2006年至2022年，我国对外贸易依存度从67%降至35%。依存度过高显然是不健康的，现在由于中国经济的飞速增长，经济总量已经跃升为全球第二大经济体，各个产业链在不断地建链、强链、补链、延链，大批新兴产业发展壮大，内部供应链完全能够支撑国内各行业的快速发展。

我国自身的强大也有益于内部的正向循环，习近平总书记提出："构建新发展格局的关键在于经济循环的畅通无阻，就像人们讲的要调理好统摄全身阴阳气血的任督二脉。""经济活动需要各种生产要素的组合在生产、分配、流通、消费各环节有机衔接，从而实现循环流转。""我们只有立足自身，把国内大循环畅通起来，努力炼就百毒不侵、金刚不坏之身，才能任由国际风云变幻，始终充满朝气生存和发展下去。"国家有时候就像人一样，假设这个人的经络畅通，血液健康且运行正常，那他的肌理就不会出现问题。同样地，一个国家如果在复杂的国际政治环境中还能保持内部稳定，不断锻炼自身实力，吸纳外部经验教训，那么它就能够更加强大。只有自身强大了，国际社会才不敢轻易欺负你，否则都会把你当作"软柿子"捏来捏去。

第五章

环境、社会和公司治理：
　绿水青山与绿色金融

ESG作为一个新兴概念，很快就赢得了广泛的认同感。人类的共性决定了必须要考虑ESG，如果有识之士仍然没有意识到ESG的重要性，那么最终提出的减碳、去除温室气体等目标就可能只是空谈，无法真正实现。

　　有责任感的企业家、政治家、投资人士已经把ESG当作身体力行的标准，在不断更新ESG认知的同时，认真履行相关要素，制作行为报告并公之于众。这无疑是责任感"爆棚"的表现，也是值得鼓励和支持的行为。

实体企业的 ESG 常态化实干出"绿水青山"

环境、社会和公司治理（Environmental, Social and Governance，简写为 ESG），从环境、社会和公司治理三个维度评估企业经营的可持续性与对社会价值观念的影响。2006 年，国际知名投资银行高盛集团发布 ESG 研究报告，将"环境、社会、治理"概念整合到一起，标志 ESG 概念正式形成。这一概念的提出源于当年联合国负责任投资原则（UN PRI）所倡导的理念，该理论对 ESG 概念发展和领域设定起到了关键性作用；实体企业尤其是第二产业的碳排放对全球气候的影响巨大，所以，ESG 要求实体企业必须要超越把利润作为企业唯一目标的传统理念，转而强调在生产过程中对环境、对社会的贡献。

ESG评价的目的旨在发掘关注环境、有社会责任心的企业。相较传统的以追求财务绩效为目标的投资决策，ESG更提倡一种在长期中能够带来持续回报的经营方式，主要考察环境因素、社会责任和公司治理等三项非财务指标：一是环境因素方面，主要包括企业发展对环境的各种影响，比如企业在生产过程中需要做出何种举措，通过管理和控制各类污染物的排放（包括自身生产经营产生的直接污染和带动上下游产生的间接污染）达到保护环境的目的，优化处理废物和垃圾的方式等。二是社会责任方面，主要包括企业在运营过程中，对社会造成的各种影响，比如员工管理方式、合理的福利与薪酬、员工安全保障、企业与上下游供应商及服务商的关系，还有产品的低碳和安全性等。三是公司治理方面，主要包括重点考察公司组织架构、股东和管理层的利益关系、业务中是否存在腐败与财务欺诈、信息披露透明度及商业道德等方面。

ESG评价是从企业角度出发，提出对全球气候和人类居住环境的改善要求和方式。ESG评价体系一共包含三个方面，分别是ESG信息披露、ESG评价和ESG投资。其中ESG信息披露需要是真实、公开、可靠、透明的，也是开展ESG评价和ESG投资的基础。首先，ESG信息披露是参照一定的标准和指标体系，对评价企业在ESG方面的实施情况进行披露。其次，ESG评价是由国际主导或我国官方指定的相关第三方机构对企业的 ESG 实施情况进行打分和评级，评价过程一般包括：ESG 数据搜集（主要源于企业自身主动的 ESG 信息披露、第三方机构在对上市公司并购和业务拓展过程中的相关报告等）、相关责任议题的衡量、关键指标的评分、ESG 评级最终结果的确定等。最后，ESG 投资主要是投资者在投资决策过程中既需要考虑财务投资回报等因素，也需要考虑 ESG 因素，在投资决策时对 ESG 评级良好的公司予以更高的评价和关注。

ESG 很大一部分要素是关注碳排放。全球变暖一直是世界各国关注的热点，假如温室气体排放照旧，人类没有任何作为，那么本世纪末，地球气温将提高 4℃，大批的动植物将面临灭绝的风险，人类的生存环境也将更加恶劣。2016 年多个国家组织签署的《巴黎协定》首次将所有国家纳入应对气候变化这一共同事业。该协定承诺将全球平均气温升幅控制在 2.0℃ 以内，并努力争取将温升控制在 1.5℃ 以内，将减碳列为世界各国奋斗的目标。《巴黎协定》也促使各个国家开始制定碳中和时间表。2020 年 9 月 22 日，习近平主席在第七十五届联合国大会一般性辩论上作出庄严承诺：中国将提高国家自主贡献力度，采取更加有力的政策和措施，二氧化碳排放力争于 2030 年前达到峰值，努力争取 2060 年前实现碳中和。国际能源署指出，2022 年，在全球能源危机中，得益于清洁能源的使用增长和能源效率的提高，煤炭和石油的使用增长受到限制，全球与能源相关的二氧化碳排放量增长不到1%，低于预期水平，减少了5.5亿吨的二氧化碳排放量。

2005年8月15日，时任浙江省委书记的习近平同志考察湖州市安吉县，在天荒坪镇余村首次提出"绿水青山就是金山银山"的科学论断。习近平主席出席2022年世界经济论坛视频会议并发表演讲强调："发展经济不能对资源和生态环境竭泽而渔，生态环境保护也不是舍弃经济发展而缘木求鱼。中国坚持绿水青山就是金山银山的理念，推动山水林田湖草沙一体化保护和系统治理，全力以赴推进生态文明建设，全力以赴加强污染防治，全力以赴改善人民生产生活环境。"中国是世界上最大的碳排放国家，承诺在30年内完成碳中和，需要做出最大的努力。

中国在世界各国碳排放中比重最大，但这也将成为我们在未来碳交易市场拥有强大话语权的依托，"减少碳足迹"同样是各个产业要努力实现的目标。我国自2017年国家核证自愿减排量（CCER）项目受理申请一直处于暂停状态，我国碳交易体系主要借由碳排放权交易市场进行碳排放配额（CEA）交易为主，据上海环境能源交易所数据统计显示，截至2023年9月18日，全国碳市场CEA累计成交量约2.76亿吨，成交额约为132.92亿元。其中，挂牌协议交易累计成交量约0.45亿吨，成交额约为23.10亿元；大宗协议交易累计成交量约2.31亿吨，成交额约为109.82亿元。交易价格方面，8月16日，CEA交易价格首度超过 70 元/吨，截至 9 月 18 日收盘，CEA 交易价格达 74.60 元/吨，相较于上线首日的 53.28 元/吨，涨幅达 40.02%。CCER 重启后，据北京绿色交易所预测，中国碳市场以其年均 70 亿吨至 80 亿吨的配额来看，未来年交易额有望超过 1 万亿元。

中国生态环境部环境与经济政策研究中心经济部主任韩文亚指出："早在 2013 年、2014 年，北京、天津、上海、重庆、湖北、广东和深圳先后开展碳排放权交易试点，探索不同特点地区碳市场建设途径。7 省、市试点碳市场覆盖 7 种温室气体、十余个行业，近十年累计成交额 152.63 亿元。""据统计，全球各类碳市场分别覆盖了 1 至 7 种温室气体，分别纳入工业、电力、航空、交通、建筑、废弃物和林业等行业，碳排放量分别占其所在地区碳排放总量的 18% 至 85%，碳排放总量约占当前全球碳排放总量 23%，年度配额上限从 500 万到 45 亿吨二氧化碳当量不等。""全国碳市场年覆盖我国火电行业二氧化碳排放量约 45 亿吨，全球覆盖规模最大，2021 年 7 月 16 日启动上线交易以来，截至 2022 年底，全国碳市场配额累计成交量 2.30 亿吨，两年累计成交额 104.75 亿元。"碳关税也悄然而至，2023 年 8 月 17 日，欧盟委员会通过并公布了欧盟碳边境调节机制（CBAM）过渡期实施细则。该细则从 2023 年 10 月 1 日起正式开始试运行，设定了过渡期到 2025 年底。从 2026 年起，如果欧盟之外任何产品生产地的碳价格低于欧盟碳市场,那么就需要购买欧盟的 CBAM 证书以补足差价,也在一定程度上体现了碳交易执行层面实质性落地了,欧盟成为第一个开始征收"碳关税"的经济体,相信未来各大经济体也都会纷纷效仿之。

目前,两大证券交易所纳斯达克、纽约证券交易所均不强制要求上市公司披露 ESG 信息,均是本着自愿原则鼓励企业在衡量成本和收益时考量 ESG。我国证监会也没有强制规定上市公司要披露 ESG 报告,证监会监管层在 2023 年中国可持续投融资(ESG)与自贸港建设论坛上表示,证监会正在指导沪深证券交易所研究起草上市公司可持续发展披露指引。发言内容主要涉及三个方面:(1)综合考虑能力,自愿披露;(2)以我为主,吸取国际经验;(3)实践带动披露,信披与投融资相互促进。实际情况是,截至 2023 年 9 月 6 日,A 股上市公司披露 2022 年 ESG 报告共 1 818 份、披露率为 34.49%,央企、地方国企、其他性质企业分别为 360 家、491 家、967 家,披露率分别为 79.82%、52.63%、22.29%。从更长周期来看,A 股近三年 ESG 报告披露率也在稳步增长,2020 年提升 1.47 个百分点、2021 年提升 3.86 个百分点,2022 年提升 4.53 个百分点。央企更是以身作则,2022 年 5 月,国务院国资委制定印发《提高央企控股上市公司质量工作方案》,方案要求中央企业集团公司要统筹推动上市公司完整探索建立健全 ESG 体系,推动更多央企控股上市公司披露 ESG 专项报告，力争到 2023 年相关专项报告披露"全覆盖"，体现出了央企的社会责任担当。

以我国的动力电池行业为例，动力电池作为新能源汽车的必需品，也是整车中成本占比最高的产品，随着中国新能源汽车实现弯道超车并全球销售，也迅速在全球市占率中拔得头筹。据韩国市场调研机构 SNE Research 数据显示，2023 年上半年全球动力电池装车量为 304.3 GWh（吉瓦时），在前十名榜单中中国动力电池企业占据六席，总市场占有率为 62.6%。过去 4 年，中国在欧洲的动力电池装机占比持续提升，2019 年至 2022 年分别为 11.8%、16.8%、22.6%、34%。不过，"人怕出名猪怕壮"，在生产制造方面，碳足迹已经开始影响动力电池零碳工厂的设立进度，2023 年 8 月，欧盟制定的《欧盟电池和废电池法规》生效，自 2024 年 7 月起，其中规定的三个强制性要求（电池护照、电池回收、碳足迹），指向的是同一个目标——尚未成型的动力锂电池全生命周期管理标准规范，包括上游原材料、产品生产、运输、报废和回收，规定到 2027 年 7 月必须要达到相关碳足迹的限制要求。因此，倒逼需要销售到欧盟的动力电池企业进行产线升级改造，同时还要求产业链上的企业同步开始设备技术改造，生产流程也需要进行优化，员工需要二次培训，这大大增加了生产和销售成本。另外，动力电池企业也可以参与电池回收，不但可以满足 ESG 的要求，还能够降低原材料采购成本，提高其电池供应链的弹性和稳定性。从 ESG 的角度来看，倒逼企业进行生产改造未必是坏事，至少在未来销售到欧美的产业链追根溯源方面，可以比没有改造相关产业链的企业更有竞争力。

新能源汽车产业也是身处 ESG 优势区位的企业。根据比亚迪发布的 ESG 报告显示，截至 2021 年底，比亚迪累计销售新能源汽车超过 150 万辆，可以减少二氧化碳排放量超过 892 万吨。再看吉利汽车发布的 2022 年 ESG 绩效报告，在产品供应端，吉利汽车已经建立了整车供应链的可持续发展体系。2022 年经过研发，开发出了 13 种低碳材料用于整车制造，计划在未来生产的 25 款车型上均逐步使用循环材料。吉利汽车通过循环材料和动力电池减排，已实现单车碳排放降低 0.38 吨，30% 的一级供应商使用可再生电力，其中 10% 左右的一级核心产品供应商实现 100% 的可再生电力使用。根据小鹏汽车的 2022 年 ESG 报告显示，小鹏汽车全年交付的新能源汽车全生命周期减少了 172 万吨碳排放。造车新势力理想汽车在其首份 ESG 报告中提出，理想汽车采用自建网点和第三方合作回收相结合的模式，全力搭建自身动力电池回收处理体系，全方位对全国各地的理想汽车报废电池进行回收处理。零跑汽车，在其首份 ESG 报告中提出，零跑汽车依据 ISO 27001 和 ISO 27701 要求逐步完善自身的信息安全管理体系，通过技术手段防止用户个人信息与隐私泄露。

ESG 开创绿色金融新局面

彼得·德鲁克曾经说过:"动荡时代最大的危险不是动荡本身,而是仍然用过去的逻辑做事。"随着 ESG 理念的盛行,金融机构也开始在绿色金融领域加大支持力度。2021 年,中国人民银行明确了"三大功能""五大支柱"的绿色金融发展思路和基本内涵,即充分发挥金融资源配置、风险管理与市场定价的"三大功能",探索形成以完善绿色金融标准体系、强化金融机构监管与信息披露要求、逐步完善激励约束机制、丰富绿色金融产品与市场体系、积极拓展绿色金融国际合作空间的"五大支柱"。由此以来,这"三大功能""五大支柱"是金融部门有力支持"碳达峰、碳中和"的着力点。中央财经大学绿色金融国际研究院院长王遥曾提出,绿色金融不包含的领域,"转型金融"可有效补充。这种更灵活的方式,也为上述企业的融资提供了便利。

投资层面的 ESG,是一种关注企业环境、社会、治理绩效而非仅关注财务绩效的投资理念,更多的是倡导在投资研究、投资决策、投后管理流程中纳入 ESG 因素,选择在 ESG 层面有突出贡献的企业进行投资。从股权投资方面而言，选择增加在绿色低碳领域的投资项目，积极发起绿色低碳基金，是对 ESG 在业务层面的支持和表现。投资领域可以分为能源低碳、出行低碳、工业低碳以及消费低碳等。通过培育碳中和细分领域的新兴企业，例如废物及材料循环利用、储能、绿色智能建筑、基于自然的环境技术等。加大对低碳智能新技术的培育、产学结合，加大与绿色低碳领域科研学术专家的合作，在投资策略方面应该重点关注碳中和领域关键技术，并计划对早期突破和颠覆性技术商业化的投资比例设定高一些，对被投企业提供全面产业赋能、落地政府以及金融全方案支持。同时，通过投资推动云计算、边缘计算以及 5G/6G 相关的新一代技术应用普及，以减少本地数据存储带来的高能耗。一级市场投资一定要关注二级市场同类竞争公司的表现，一般来说，ESG 评价表现良好的企业通常有高估值、高盈利、高股价、分红稳定等特征，在二级市场对此类公司认可的前提下，股价一般也会节节攀升。由此便能吸引一级市场投资的投资者对 ESG 评价高的企业给予更多关注，有助于形成资本市场的良性循环。

从债权投融资方面来看，银行可以针对清洁能源行业发行定向债券，发行 ESG 理财产品，设置绿色专项信贷；金融租赁机构可以对风电、光伏、核电等清洁能源企业进行业务倾斜，支持其完成融资租赁项目；信托可以针对各地交运集团发行相关产品,支持新能源校车、公交车、重卡等交通工具的更新换代,推进各地企业对 ESG 的实施;券商为相关上市公司发行碳中和专项公司债券,加快绿色债券、气候债券等创新金融工具的研发,支持绿色企业上市融资和再融资,加大相关上市公司的培育力度,对相关公司给予一定的费用减负;保险资管公司可以利用保险资金配置中长期的绿色金融产品,支持新能源企业的专项项目建设。基于 ESG 在国内越来越受重视,几乎没有哪个行业不涉及环境、社会和治理,同理,债权投资方也属于企业,也需要把服务的理念应用到金融工具的创新上去,这是符合高质量发展理念的。

  从理论上来讲,任何产业的建设和更新都离不开资金,资金除了股权融资就是债权融资,假设 ESG 理念首先从国际和国家层面得到金融机构的普及,引导资金流向追求 ESG 高评价的企业,那么这将有助于在顶层设计的基础上推动经济基础的全面更新,转向追求更高的价值理念。ESG 评价体系的建立也告诉我们,在资金追逐利益回报的时候,我们不应仅仅看重短期的经济利益,而应更看重未来的社会效益。在资金发放主体和资金使用主体的眼中,如何能够赚回本金,并且取得较高的年化收益率是关系到自身生死存亡的事情。思想拔高一点,在企业业务已经走上正轨,不为是否吃饱饭而发愁的时候,就需要为如何能够承担更多的更有意义的社会责任而努力。尤其是国家金融机构，不能只想着在实体企业身上赚到更多的利息，而是需要在产业方向上引导企业追求更高的ESG评价。为此，可以用较低的利率来激励整个行业的转型升级。正如伦敦商学院金融学教授、公司治理中心学术主任亚历克斯·爱德蒙斯所说，"一家为社会创造价值的公司，并不是在牺牲利润，而是做大了蛋糕，最终提升了利润"，这一观点深刻揭示了ESG对企业、个人和国家而言的重要意义。

另外，绿色金融的投资实体需要不断下沉，除了国家金融机构，还要下沉到市、县级的商业银行、农村商业银行、信用社、村镇银行。原因是当地金融机构更了解当地政府的产业结构调整需求以及当地企业发展的真实想法和方向，同时也可以立足当地，更加详尽地完成尽职调查。下沉到基层金融机构，可以防止企业的"漂绿"行为[1]。按照笔者的理解，所谓"漂绿"指的是企业并非真的想要跟"双碳"和ESG挂钩，只不过想通过描绘一张跟"绿色"相关的大饼，来换取金融机构的支持。交通银行行长刘珺曾提到，"'漂绿'企业或项目获得融资后，继续从事高碳排放的生产经营活动，造成碳排放数据失真

---

[1] 在1986年，"漂绿"一词被美国环境保护者杰·韦斯特韦德（Jay Westerveld）在批评酒店以ESG名义不对毛巾进行二次清洗时首次提及。根据巨量算数指数显示，2022年，关于"漂绿"的综合指数同比增长100%，搜索指数同比增长54.55%。

失实,导致资金资源错配与浪费,与'双碳'目标下绿色发展理念南辕北辙"。造假或者违规使用金融机构发放的贷款或者其他类型款项,是存在违法违规问题的,需要对其进行严惩。根据《南方周末》记者的调研发现,我国企业中"漂绿"现象存在较为广泛。这一问题表现在:环保罚单较多、知名企业较多、行业分布宽泛和验证困难、隐秘性高等一系列问题。在《南方周末》发布的《2022 年"中国漂绿榜"》中,评选范围是上市公司、中国 500 强企业、有在华业务的世界 500 强企业等,包括特斯拉、华统股份、新华制药、新希望、三元食品、中国神华、SHEIN、中铁股份、H&M 9 家企业榜上有名,这些企业分布在新能源汽车、建筑、食品、化学制药、养殖、煤炭及服装等多个领域。

  股权投资机构更需要对企业进行详细的尽职调查,不但需要有自身机构的业务调查,还需要请律师事务所或会计师事务所等第三方机构对企业的历史沿革和财务状况进行调查,搞清楚过去主营业务的真实情况,确保未来项目制定的可行性报告并非停留在表面现象。尽职调查越详细,越能摸清企业发展业务的真实意图。没有哪个企业是不缺钱的,不是这个阶段,就是那个阶段,无论在业务扩张期还是行业周期低谷都需要资金支持。那么,在尽职调查中需要与企业给其他金融机构提供的报表等材料相互印证,确定其真实性和可靠性,就可以避免仅看到企业想让我们看到的一面,而忽略或遗漏了那些最关键但可能被隐瞒的信息。这样既保证了资金的安全性，也体现出资金管理者对出资人（LP）的尽职尽责。在国际国内大批上市公司都披露了 ESG 报告的当前，要找到与潜在投资标的对标的上市公司并不十分困难，对比业务收益率和收入等各方面的差异，基本就能确定拟投项目的技术和商业模式的先进性，以及未来在市场上是否能够脱颖而出，为基金产品带来高收益。

孟子云："穷则独善其身，达则兼济天下。"这个道理同样适用于贫困国家的人民。在吃不饱饭的时候，人们不会在乎狩猎的是不是珍稀保护动物，更不会因为是千年古树而让自己在冬天没有柴火烧，生存乃是第一要义。而当人们满足温饱后，就需要有更高的视野来看待物质生活和精神生活的平衡，要获得更深层次的愉悦感，达到更高的精神层面。于是，人们就会将有利于社会和人民作为自己追逐的目标，自己开始做公益慈善，企业开始注重员工的福利和待遇，注重生产中对社会、环境和责任带来的不同程度的影响。

笔者认为，金融行业服务实体经济是常态，关注 ESG 评价来判断投资短期和长期收益的结合是新常态。这不仅是金融投资理念的创新，更是社会健康有序发展的必然选择。

空气、土壤、水"净化"的每一步路都算数

习近平总书记提出的"绿水青山就是金山银山"的绿色发展理念深入人心,"绿水青山"是自然资源环境,"金山银山"寓意社会经济的发展,要将二者紧密融合在一起,寻找绿色发展的经济道路,就需要在环保上下功夫,解决过去存在的污染问题,同时要对未来经济发展的模式有更加清晰的认识。党的二十大报告指出:"我们坚持绿水青山就是金山银山的理念,坚持山水林田湖草沙一体化保护和系统治理,全方位、全地域、全过程加强生态环境保护,生态文明制度体系更加健全,污染防治攻坚向纵深推进,绿色、循环、低碳发展迈出坚实步伐,生态环境保护发生历史性、转折性、全局性变化,我们的祖国天更蓝、山更绿、水更清。""中国式现代化是人与自然和谐共生的现代化。""必须牢固树立和践行绿水青山就是金山银山的理念,站在人与自然和谐共生的高度谋划发展。"

新中国成立初期,我国非常重视经济发展,一方面需要尽快强化国力,抵御来自西方的制裁;另一方面,需要提高全国人民的生活消费水平,增加国内各个行业的生产总值。改革开放之后,政策引导带动了工业发展的同时,也带来了许多环境

问题，重视产能轻视环保造成了污染严重的现象，为此，国家相继出台了"大气十条"（《国务院关于印发大气污染防治行动计划的通知》）、"水十条"（《国务院关于印发水污染防治行动计划的通知》）、"土十条"（《国务院关于印发土壤污染防治行动计划的通知》）等，形成了全方位的环境保护战略。

以水治理为例，改革开放以来，随着旅游业的兴起和经济的发展，游客远超过大理的建设承载能力，洱海边的大批民宿也给环境带来了不小的影响。洱海边养牛的农户也特别多，牛粪等排泄物直接进入洱海，导致洱海的水质越来越差，还曾因此爆发过全湖性蓝藻，味道刺鼻，给当地居民和游客带来了困扰。2015年1月，习近平总书记到洱海考察时说："立此存照，过几年再来，希望水更干净清澈。"据《瞭望》新闻周刊报道："大理在洱海流域建成19座污水处理厂、4 660公里污水收集管网、135个村落污水处理站、14.9万个化粪池、92座尾水库塘，构建起'从农户到村镇、收集到处理、尾水排放利用、湿地深度净化'的生活污水收集处理体系。""大理州坚持科学治湖、系统治湖、依法治湖、全民治湖，全面打响环湖截污、生态搬迁、矿山整治、农业面源污染治理、河道治理、环湖生态修复、水质改善提升、过度开发建设治理等八大攻坚战。"环保政策发布后的重点在于强化执行能力，不到位的执行等于是"歪嘴和尚念经"，在基础设施升级和治理发生质变的时候，大理也在传统旅游业上越走越远，同时还为当地的产业升级打下了坚实的基础。当地主政官员和居民也因为深入体会到了"金山银山"带来的好处，开始真心实意地保护当地环境，爱护自己的家园。美好的环境也让游客真正感受到了"苍山不墨千秋画，洱海无弦万古琴"的自然美景。因此回头客络绎不绝，为当地旅游经济带来了活力。

多年以前，我国某些省份是工业大省也是农业大省，当地的主要工业企业也属于"两高"型企业，在环保措施还不够完善，企业不愿意投入太多环保设备的情况下，导致污水乱排放现象严重。企业不但将污水灌注到地下，还将大量污水排到农田中，形成所谓的"污灌"。由于大量的农田镉铯重金属超标，不仅是蔬菜，连饮用水都有一股怪味。养的牲畜因为喝了污染的水出现了各种异常症状，而得各种疑难杂症的人也越来越多。利用污水灌溉，必须在经过处理后，符合《农田灌溉水质标准》（GB 5084—2021）的前提下，才能够对农田进行灌溉。正因如此，土壤污染治理和修复在随后的许多年里，都成为各地环保的重点工作，土地污染监测和治理也成为考核各地官员 KPI 的重要指标之一。土壤污染监测手段经过科技的加持，可以分为遥感卫星监测、地理信息系统技术监测、生物技术监测和信息技术监测等方式。土壤修复治理主要有工程修复技术、物理修复技术、化学修复技术、生物技术以及联合修复技术等。每个技术都有自己的特点，因地制宜去采用，才能达到最佳效果。在日常工作生产中，我们要提高农民的土壤保护意识，合理使用农药，同时，积极推广高效低残留农药。

空气是人们最重要的生存要素，空气污染对皮肤、视网膜、鼻黏膜、肺部等的侵害显而易见。雾霾曾经是困扰所有北京市民的大问题，PM2.5成为呼吸类疾病的引子，北京居民常要戴口罩上下班，治理空气污染只能因地制宜，没有万能的办法。北京出现雾霾的重要原因是周边工业城市大肆无序地进行工业生产，汽车尾气、建筑扬尘、氧化硫、氮氧化物、挥发性有机物、煤烟等污染物排放到空气中，北京作为超大型城市成为一个大染坊，加上每年一、二月份冬春转化容易形成大雾天气，进一步加重了北京的雾霾。雾霾不但影响居民的身体健康，更有损北京作为国际大都市的形象。

污染处理要从源头做起，国家需要限制工业、农业以及矿物冶炼企业向自然环境中排放的污染物总量，还需要对"高污染、高耗能"的"两高"企业进行限制整改，让资源消耗方式从粗放型向集约型转变。从实现社会效益上来看，淘汰落后生产力，淘汰落后的工艺、设备，关闭、取缔污染严重的企业势在必行。这样做既能够防止资源的浪费，优化资源配置，又能够合理、有序、有节奏地开发和利用资源。发电、炼钢、石油加工、煤炭开采等行业都属于此类，这些行业是我国经济发展不可或缺的力量，因此需要从战略上在几个方面完成转型升级：一是在政策上鼓励"两高"行业进行技术改造，并给予一定的资金支持，对利用新技术生产出的产品进行补贴，并对技术改进人员和企业进行表彰。二是实时监管相关企业的生产、运营、管理、改造，保证其一定完成改造任务，对提前完成的予以奖励，对无法完成的坚决关停。三是加强行业管理，制定行业排放和污染标准，以此来倒逼行业设备和技术的升级，平时需要普及环保意识，改变企业领导和员工的环保观念，树立科学的生态观。四是对金融机构的绿色金融指标进行考核，减少对不予整改或者整改不到位的"两高"企业的贷款。

空气、土壤、水是我们在地球上赖以生存的基本要素，也是地球馈赠给人类的生存条件。工业革命以来的大规模无序发展，让本来优质的环境变得杂乱无章，乌烟瘴气。不过"亡羊补牢，为时未晚"，工业企业的环保投入经常被认为是无效投入，现在看来，大批的环保设施投入也可以作为优质资产发行RETIs，配合企业本身主营业务的发展，分摊成本，也能局部实现资产证券化，更高效且低成本地利用社会资金来完成原有工业生产的升级改造。

对违法违规排污的企业要严刑重典，罚到倾家荡产；对相关责任人该抓就抓，以儆效尤。原因很简单，一家企业破坏的生态环境不是罚钱就能够赔偿得了的，但是我们要立典型，要对这类企业设立严格的标杆，让其他类似的企业知进退，同时要对涉事企业追责到底，对相关人员实行终身追责制度。惩罚不是目的，示范才是重点，千千万万的人和企业主能够意识到环境保护涉及国计民生，涉及个人和企业的安危和生死存亡，才能真正形成环保深入人心的氛围，真正让"绿水青山"和"金山银山"在你我身边出现。

第六章

新时代：
时代赋能与强国建设

新名词的出现其实是对时过境迁的情况演变的反映。既然变化已经发生，我们就不要将乐观的情绪转化为悲观的理解，而是需要换个角度来看问题，包括对"人口红利""意见领袖""第四次工业革命"在内的认知转变。这种转变可能从根本上影响产业的设计和发展。

中国人是喜欢创造新名词的，但困难的是要用新理念诠释旧的名词，从中找到投资机会，并指导国家和社会资本向其进发，才是最终生产力转化的重点。符合社会主义新时代要求的新盈利增长点才是名词的本质内涵，企业发展方向也好，个人就业选择也好，都可能因为名词的定义内涵而改变。

第六章
新时代：时代赋能与强国建设

"人口红利"

习近平总书记指出："我们走的是一条中国特色自主创新道路，这是一条必由之路，必须坚定不移地走下去。"因此，随着时代的进步和发展，我们需要对曾经的名词定义进行修订，以重新理解和解释它们。

自 1798 年马尔萨斯出版《人口原理》以来，人口问题一直是围绕在经济发展和社会稳定周边的热点话题。中国提出"人口红利"也有数十年了，进入改革开放和加入 WTO 之后，人口红利带来的社会发展是显而易见的。近几年，不婚不育、老龄化、人口负增长屡屡成为热点话题，背后所折射的社会问题离不开社会流传的压在生育身上的三座大山——"医疗、教育、住房",尤其在大城市年轻人眼里,这三大主要压力已成为改变传统婚育思想的重要因素,"不谈恋爱、不结婚、不生孩子、不买房"成了流行语,反映出一定的社会认同感,我们不能小视其给人们观念带来的影响。中国生育率持续下跌,导致人口结构向老龄化转变。2011年起,我国的劳动适龄人口开始下降,社会抚养系数上升,不婚不育人口增多,意味着社会面临的社保、养老、就业等压力逐渐增大。笔者认为这并不意味着"人口红利"就此消失,我们不能只从劳动力廉价和数量众多来看"人口红利",反而要从数量之外的角度去解析,要从消费、医疗、储蓄、教育、养老等多方位、多层次去重新定义"人口红利",即从人口寿命的增加、受教育水平的提高、养老康养需求的升级、城镇化业态变化对人口知识结构的需求以及人工智能越来越广泛的应用来看,劳动力质量有了较大的提升,生产力水平相较过去的"人口红利"时期大幅度上升。

详细剖析来看,2023年1月10日,国家发展改革委等部门印发的《"十四五"公共服务规划》显示,2023年中国男性平均寿命为73.64岁,女性平均寿命为79.43岁,2025年中国人均预期寿命达78.3岁,2030年平均年龄有望达到79岁。平均预期寿命是衡量一个国家和地区人口健康水平的重要指标,医疗水平的提高对寿命延长起到了关键性作用。根据民政部2023年10月13日发布的《2022年民政事业发展统计公报》,截至2022

年年底,中国60周岁及以上老年人口超2.8亿人,占总人口的19.8%,其中65周岁及以上老年人口达2.09亿人,占总人口的14.9%。按照国家法律规定,企业职工退休年龄为:男年满60周岁,女工人年满50周岁,女干部则年满55周岁。按照规定,退休后除了含饴弄孙、颐养天年的老年人外,还有近20年时间可以劳动、消费、旅游。拿旅游业为例,近些年旅游业受人口年龄变化影响较大。年轻人没有充裕的时间和资金旅游,老年人空闲时间较多,花钱的地方少,退休金和存款足以让其每年旅游几次。在许多旅游城市里,经常会见到组团旅行的老年人,无论是低、中端还是高端旅游,都能见到越来越多的老年人的身影。

2013年12月,习近平总书记在中央城镇化工作会议上发表重要讲话时指出,"在我们这样一个拥有13亿多人口的发展中大国实现城镇化,在人类发展史上没有先例。粗放扩张、人地失衡、举债度日、破坏环境的老路不能再走了,也走不通了"。习近平总书记强调,"推进城镇化健康发展是优化经济发展空间格局的重要内容,要有历史耐心,不要急于求成"。国内城镇化程度不断提高,代表了我国城镇化人口增多,相应的农村人口逐渐减少,城镇化代表的是居民生活水平的提高,越来越集中的人口基数可以在一定程度上造就"人口红利"理念。走好中国特色新型城镇化之路可以避免中国陷入"中等收入陷阱",在国内外环境的紧迫性上,我们无法按照西方发达国家工业化、城镇化、农业现代化、信息化的顺序走向城镇化,时不我待,要打造出一种更具中国特色的同升共涨、互相补充、无缝对接的城镇化"木桶效应"。

习近平经济思想研究中心主任史育龙指出:"过去5年,全国城镇常住人口增加约7 700万人,城镇化率提高了5个百分点。按2022年城乡居民人均消费支出差距约1.38万元计算,城镇化每年直接产生的居民消费增量约为2 000亿元。考虑到未来城乡居民消费水平整体提升,直接增量和间接带来的消费潜力更大。""趋乡镇化"是国家供应链安全的"稳定器"。城镇化不单纯是将乡村的农民进行物理空间的挪移,而是一种生活方式的转变。农民离开了赖以生存的耕地,需要找一项谋生技能,能够养活自己和全家老小。改革开放以来,义务教育虽然已经惠及乡村,但是实际上无论从师资还是从教学硬件条件上,乡村跟城镇尤其是大城市比,确实存在天壤之别。农民的受教育程度有限,生活方式又发生了改变,对他们而言,生计之路主要有以下几种:一是去当兵;二是从事外卖配送、快递运输、搬家服务等体力劳动;三是成为就业范围最广的农民工。

城镇化程度越高,商业化和工业化程度越高,即使是大规模的农业生产也开始给工业化创造了大量的应用场景,比如大型收割机、激光除草机、植保无人机等机械化应用越来越多。

一台机器可以完成几十上百人干的活儿,而且效率更高错误率更低。机械化带来的降本增效可以让大批的劳动力重新寻找职业路径,这意味着越来越多的人从繁重的体力劳动中解放出来,他们甚至可以在城镇化新业态的引领下设置自己的职业规划。农业劳动力转为工业劳动力或者商业劳动力并不困难,职业转变就是一个方向。互联网购物带来的便捷是需要大批人力来完成外卖或者快递的配送工作,尤其是针对"最后一公里",人力仍发挥着至关重要的作用。无人机、无人车送外卖是一项大胆的尝试,在特定的应用场景下是适合的,不过并不能降低人力成本,因为每个无人机、无人车背后都有一个后台人员在操控。农业人口转向城镇人口并获得工作,就需要学习并"解锁新技能",即使是操作电动摩托车、使用高德地图获取最优路线、学习话术和服务技巧都是对原有种地、采摘、施肥等技能的颠覆。

曾几何时,富士康的一个大型代工厂能有数十万人,大批的职业技术员工就像在一个小城镇中生活、工作,当然,现在很多代工厂类的劳动密集型产业都因为劳动力价格原因转移到东南亚,越南、印度这些国家被美国称为"亚洲替代供应链"(Altasia)地区。与此同时,很多年轻人倾向于在大城市寻找就业机会,而不再将工厂视为首选。此外,人工智能和工业机器人的广泛应用,也为企业降本增效提供了新的选项,即使年轻劳动力不缺,也不排除企业用更高效的机器来替代人工,因此这些年轻工人也开始被动或者主动地涌入社会，寻找新的就职途径。这其实也是"人口红利"的表现形式，类似快递、外卖等更多的服务业业态高歌猛进，第二产业的劳动力职业转变为第三产业从业人员，第二产业的转型升级和第三产业的扩容增量是同步前行的。这一背景下，我国对职业培训的重视程度越来越高，大量的职业技术院校因时制宜设定了学习科目，并通过教育部官方认证，为各行各业制定了明确的行业用人标准。这些举措不仅有利于提升劳动者的职业技能，也降低了他们换工作的难度。

这里提到的劳动力质量提高不只是岗位变化，诸多劳动力知识层次和接触层面的提升，也带来了整体劳动力思维方式的转变，也能减少第二产业中难以避免的各种职业疾病的发生。换个角度来看，对于整个社会而言，在第二、第三产业逐渐完善的养老保险体系建成后，身体健康和心情愉悦都有利于减轻我国医保负担。

过去，老年人的消费能力一直被忽视，在一些人眼里，似乎除了保健品之外，没有什么是可以让老年人掏腰包的。其实并非如此，原来说的"有钱有闲才是生活"的观念，很多老年人正在实践。医疗康养的大举发力为老年人消费创造了场景，也是"人口红利"的重要部分。医疗条件和技术的提升延长了人们的寿命，提升了生命质量，因此也拉长了老年人的"消费时间"。由此增加的消费领域除了衣食住行、医疗康养之外，适合老年人的陪伴机器人等新科技产品、电子产品的需求也日益凸显。这些新兴消费热点不仅拉动了内需，也带动了相关产业的发展。随着飞机、高铁等交通工具逐渐普及全国，短程内的房价差异让很多大城市、超大城市周边的旅游城市受到热捧。这种变化源于大城市、超大城市的老龄人口增多，部分老年人的身体出现了问题。原先，他们需要考虑工作地点、孩子上学等因素，现在他们开始考虑自身身心愉悦，便纷纷开启了自己在周边城市或者南方城市养老的规划。还有一些老人出于经济压力或者工作习惯，自己依然遵循"弹性退休制度"，活跃在各种工作类型和场合，这实质上提升了社会总人口就业率。

"意见领袖"

互联网日益成为国家意识形态的重要载体和传播平台。国家互联网信息办公室编制的《数字中国发展报告（2023 年）》显示，2023 年，国家网民规模达 10.92 亿，互联网普及率达 77.5%。随着互联网的高度普及，各种信息通过网络能够瞬间传递到亿万网民眼中，舆论导向变得尤为重要。党的二十大报告强调，要建设具有强大凝聚力和引领力的社会主义意识形态。意识形态事关政治方向、舆论导向、价值观取向等问题，电视台、电台、报纸杂志、书籍等传统媒体和短中视频、文字网站等网络媒体形成掎角之势，在宣传层面一定要帮助人们形成正确的"三观"：世界观、价值观、人生观。2005年9月25日，国务院新闻办公室、信息产业部联合发布《互联网新闻信息服务管理规定》第九条指出，任何组织不得设立中外合资经营、中外合作经营和外资经营的互联网新闻信息服务单位。2022年9月26日，国家广播电视总局发布《广播电视节目传送业务管理办法》，明确规定禁止外商投资的机构从事广播电视节目传送业务。其重要的原因就是避免国外资本和相关势力影响舆论导向，避免出现煽动群体反应，发生群体性事件，影响社会稳定。

基于事实的新闻是最真实的新闻，不带有任何导向的新闻则能准确还原真实发生的事件。由于人们的思维方式各有不同，通过观看新闻得出来的结论往往差异巨大。在这个时候，舆论导向的作用就体现出来了。除了传统的新闻、影视作品等表现形式之外，"意见领袖"的发言也极为重要，其观点会对受众群体产生重大的影响。时代需要有"意见领袖"的出现。"意见领袖"是指那些树立了正能量的"三观"，符合社会主义核心价值观，爱国爱党，敬业诚信，有勇气、有担当，其公开言论可以在生活、学习、工作等方面影响其所代表的广泛受众群体，能够引导受众群体态度倾向并为此负责的人员。

　　党的十八大提出，倡导富强、民主、文明、和谐，倡导自由、平等、公正、法治，倡导爱国、敬业、诚信、友善，积极培育和践行社会主义核心价值观。富强、民主、文明、和谐是国家层面的价值目标，自由、平等、公正、法治是社会层面的价值取向，爱国、敬业、诚信、友善是公民个人层面的价值准则，这24个字是社会主义核心价值观的基本内容。

　　短视频已经成为人们喜闻乐见的表现形式之一，短视频领域的"意见领袖"涉及各个领域，无论是销售带货的主播还是讲述历史故事、商管新知、投资心得、科学技术等内容的创作者，其言行都会影响到愿意听他们讲述的受众群体，也会因此形成或多或少的社会效应，这也是潜移默化的舆论导向。根据拉扎斯菲尔德的两级传播理论，大众传播并不是直接流向一般受众，而是要经过"意见领袖"这个中间环节，信息由大众传播流向"意见领袖"，再由他们传递给一般受众。我国人口众多，每个独立的个体都会有独立的思想，政府在尊重客观事实的基础上，需要与"意见领袖"建立融洽的关系。国家可以利用其号召力和社会影响力化解社会矛盾问题，"意见领袖"也要用正确的"三观"为能够影响到的人们传递正能量，指明化解矛盾的正确路径，这样才能形成和谐的社会氛围。社会上，每一个人做好自己的本职工作、过好家庭生活、维护好所能够接触人员的人际关系，正确把握自己的职业发展规划和人生规划，就是对社会主义新时代有益的人。

"三百六十行，行行出状元"，这些状元就是"意见领袖"的代表。以带货主播为例，许多短视频平台都有一到两名"台柱子"。在笔者眼中，那些靠短视频卖货成功的主播都是老天爷赏饭吃，他们颜值未必高，口才也未必多好。诚然，短视频平台带来的流量是他们成功的关键资源，但更重要的是他们的发力时机赶上了平台流量红利的好时候，赶上了短视频启动并逐渐融入人们观看习惯的养成期，再加上团队运作、个人努力等诸多因素，最终成为头部网红主播。To C 的网红主播能力毋庸置疑，消费方式也是 C 端用户自愿掏钱购买产品。这源于消费者对网红主播的认同感，就像相声、话剧演员通过自身的魅力吸引消费者买票观看，可以说是消费者在行业内"用脚投票"的一种表现。对于消费者来说，货品的价格与价值相匹配，并且被自己认同，对己而言就是一种正能量。在此，供应链的稳定性和优质程度也成为带货主播作为"意见领袖"的可持续发展基础。既然是卖货，那就要保证货比三家、童叟无欺，优质的产品给消费者带来的不只是体验感的上升，还提升了对当今社会生产质量和诚信体系的认知。在直播过程中，不夸大宣传，不虚假造势，以诚待客，就是公序良俗的体现，但凡能够成为头部网红的主播，其实都已经通过消费者实际的检验。随着头部主播带货销售额的节节攀升，通过消费习惯培养出来的受众群体忠实度更加高，主播在其心中的影响力也就更加强。主播与电影电视明星、知名企业家一样成了公众人物，也就更需要谨言慎行，避免影响社会稳定。一旦言行失当，不仅会降低了自身的商业价值，还会影响团队所属公司的业绩。

2022年6月22日，国家广播电视总局、文化和旅游部印发的《网络主播行为规范》，涵盖了"网络主播应当坚持正确政治方向、舆论导向和价值取向，崇尚社会公德、恪守职业道德、修养个人品德，坚持健康的格调品位，自觉摈弃低俗、庸俗、媚俗等低级趣味，自觉反对流量至上、畸形审美、'饭圈'乱象、拜金主义等不良现象，自觉抵制违反法律法规、有损网络文明、有悖网络道德、有害网络和谐的行为，应当引导用户文明互动、理性表达、合理消费，共建文明健康的网络表演、网络视听生态环境"等重要方面。

每个企业平台和人都有自己的立场，每个人的利益诉求影响了其行为，已经"内卷"的企业运营现状更是加剧了竞争。比如，多家短视频平台之间为了在保持存量用户的同时，抢夺对手方的用户，在每个人的有限刷视频观看时间中增加己方的收看权重，并借此推动商城的销量。为此，一些企业平台开始针对与对方紧密绑定的网红主播进行打压，采取无理由、无底线、无期限地对其封号等处理方式。这不但有违商业公平竞争，也破坏了社会的和谐稳定。企业逐利行为并不鲜见，只要在商业规则范围内做到合法合规合情合理，便是企业家职业操守的体现和对消费群众主体的尊重。企业家也是"意见领袖"，企业行为很大程度上会影响群众对企业的看法，信息大爆炸的时代下，人们对信息的真实性产生了怀疑。"你看到的真相往往是别人想让你看到的真相"，这句话影响力深远，让很多人分不清楚是非对错，对所谓的"公道自在人心"真伪也产生了困惑。

苏格拉底认为"恶法非法"，意思是在法律不符合民主理念时，法律就是"恶法"。虽然法律依然要被无条件执行，但是形成不了真正的法治。企业平台的受众更广。根据公开资料显示，截至 2023 年第二季度，快手平台平均日活跃用户达 3.76 亿，平均月活跃用户同比增长 14.8% 达 6.73 亿，抖音日活跃量超过 7 亿，影响力比所有的网红主播都要大。这就像公司法人主体在社会活动中的影响力一定是大于公司员工的道理一致，如果只是用平台规定的管理办法和自身的商业利益出发，对宣扬正能量的"意见领袖"进行打压，这种错误的行为应迅速得到相关部门的纠正和严惩，以避免带歪平台使用者的思想。

现实生活中，笔者遇到的"意见领袖"所接触的信息面更趋近真实，周边的社会关系网络更加凝聚，也因此能够更发自内心地形成自己的看法。在推手团队和平台的要求下，将符合社会主义核心价值观的言论和行为作为传播的形式，更能获得受众群体的共鸣，同时能够对受众群体们产生积极的影响。国家涉及的行业众多，更应该重视各个行业"意见领袖"的影响力，抓主流、抓主要矛盾，培养"意见领袖"的社会主义核心价值观，就等于培训了一名极具感染力和影响力的"讲师"，在日常就能够引导更多人践行社会主义核心价值观。

"第四次工业革命"

2023年2月，中共中央、国务院印发《数字中国建设整体布局规划》表示，数字中国建设要"夯实数字基础设施和数据资源体系'两大基础'"，并将数字基础设施划分为网络基础设施、算力基础设施和应用基础设施三类。根据世界经济论坛创始人兼执行主席施瓦布（Klaus Schwab）的定义，第四次工业革命是指以信息技术为核心，融合物理、数字和生物领域的一场全球性的变革。第四次工业革命从实质上改变了生产方式和消费模式，也改变了社会组织和个人生活，这次全球性变革具有速度快、范围广、影响深的特点，每个人都能够在不久的将来感同身受。总的来看，在经历"蒸汽时代""电气时代""信息时代"之后，第四次工业革命带来的是数字经济新时代。

习近平总书记在《不断做强做优做大我国数字经济》(2021年 10 月 18 日《求是》杂志 2022 年第 2 期)中指出:"综合判断,发展数字经济意义重大,是把握新一轮科技革命和产业变革新机遇的战略选择。一是数字经济健康发展,有利于推动构建新发展格局。构建新发展格局的重要任务是增强经济发展动能、畅通经济循环。数字技术、数字经济可以推动各类资源要素快捷流动、各类市场主体加速融合,帮助市场主体重构组织模式,实现跨界发展,打破时空限制,延伸产业链条,畅通国内外经济循环。二是数字经济健康发展,有利于推动建设现代化经济体系。数据作为新型生产要素,对传统生产方式变革具有重大影响。数字经济具有高创新性、强渗透性、广覆盖性,不仅是新的经济增长点,而且是改造提升传统产业的支点,可以成为构建现代化经济体系的重要引擎。三是数字经济健康发展,有利于推动构筑国家竞争新优势。当今时代,数字技术、数字经济是世界科技革命和产业变革的先机,是新一轮国际竞争重点领域,我们一定要抓住先机、抢占未来发展制高点。"敏捷性、灵活性和制造效率成为数字经济能够对现有产业格局产生影响力的重要特性。

"第四次工业革命"即"数字经济革命",通过各个产业的数据收集、分析、制定解决方案来对现有产业实行数字化转型升级,又能够利用新兴的数字技术颠覆原有传统生产习惯,降低对人工的依赖，提升人均生产效率，解放生产力。

2022全球数字经济大会上发布的《全球数字经济白皮书（2022年）》显示，2012年至2021年，我国数字经济平均增速为15.9%，数字经济占GDP比重由20.9%提升至39.8%，占比年均提升约2.1个百分点。数字经济不但能够衍生出人工智能、大数据、云计算、区块链等各种新业态，还能够在各种新兴技术不断涌现的过程中，用数据来不断支撑这些新业态的升级和发展，未来的任何新兴领域都离不开数字经济。习近平总书记在《不断做强做优做大我国数字经济》中提出："推动数字经济和实体经济融合发展。要把握数字化、网络化、智能化方向，推动制造业、服务业、农业等产业数字化，利用互联网新技术对传统产业进行全方位、全链条的改造，提高全要素生产率，发挥数字技术对经济发展的放大、叠加、倍增作用。要推动互联网、大数据、人工智能同产业深度融合，加快培育一批'专精特新'企业和制造业单项冠军企业。当然，要脚踏实地、因企制宜，不能为数字化而数字化。"按照《中华人民共和国国民经济和社会发展第十四个五年规划和2035年远景目标纲要》（简称"十四五"规划），数字中国建设大势所趋，"十四五"期间会将数字网络作为发展的重中之重，相关产业可以归类如表6-1所示。

表 6-1 数字经济重点产业

云计算 加快云操作系统迭代升级，推动超大规模分布式存储、弹性计算、数据虚拟隔离等技术创新，提高云安全水平。以混合云为重点培育行业解决方案、系统集成、运维管理等云服务产业。
大数据 推动大数据采集、清洗、存储、挖掘、分析、可视化算法等技术创新，培育数据采集、标注、存储、传输、管理、应用等全生命周期产业体系，完善大数据标准体系。
物联网 推动传感器、网络切片、高精度定位等技术创新，协同发展云服务与边缘计算服务，培育车联网、医疗物联网、家居物联网产业。
工业互联网 打造自主可控的标识解析体系、标准体系、安全管理体系，加强工业软件研发应用，培育形成具有国际影响力的工业互联网平台，推进"工业互联网＋智能制造"产业生态建设。
区块链 推动智能合约、共识算法、加密算法、分布式系统等区块链技术创新，以联盟链为重点发展区块链服务平台和金融科技、供应链管理、政务服务等领域应用方案，完善监管机制。
人工智能 建设重点行业人工智能数据集，发展算法推理训练场景，推进智能医疗装备、智能运载工具、智能识别系统等智能产品设计与制造，推动通用化和行业性人工智能开放平台建设。
虚拟现实和增强现实 推动三维图形生成、动态环境建模、实时动作捕捉、快速渲染处理等技术创新，发展虚拟现实整机、感知交互、内容采集制作等设备和开发工具软件、行业解决方案。

2023年9月，习近平总书记就推进新型工业化作出重要指示强调，"新时代新征程，以中国式现代化全面推进强国建设、民族复兴伟业，实现新型工业化是关键任务。要完整、准确、全面贯彻新发展理念，统筹发展和安全，深刻把握新时代新征

程推进新型工业化的基本规律，积极主动适应和引领新一轮科技革命和产业变革，把高质量发展的要求贯穿新型工业化全过程，把建设制造强国同发展数字经济、产业信息化等有机结合，为中国式现代化构筑强大物质技术基础"。

数字经济衍生品之一就是大模型。麦肯锡《生成式人工智能的经济潜力：下一波生产力浪潮》报告显示，大模型驱动下的生成式人工智能，将为全球经济带来11万亿～17.7万亿美元经济价值，使全球GDP增加15%～40%。中国信息通信研究院发布的《人工智能白皮书（2022年）》显示，预计到2023年，我国人工智能产业规模将超过8 000亿元。大模型是指拥有超过10亿个参数的深度神经网络，它们通过算法能够处理海量数据、对数据进行清洗和判断分析后，依托数据提出解决方案，并完成各种复杂的任务，如自然语言处理、计算机视觉、语音识别、声音识别、精准回答问题等。Google的Transformer是在2017年最早出现的大模型，随着OpenAI的GPT出现，带动大模型走进了更多人的视线里。从本质上来看，大模型其实就是大算力和强算法紧密结合的结果，也是人工智能全新的领域和未来的方向。

OpenAI成了大模型的佼佼者，ChatGPT这款基于人工智能的聊天机器人一经推出迅速风靡全球，不到一周的时间里，ChatGPT的用户数量就突破了100万。OpenAI开发的AI大模型功能包括写作、阅读、编程和图像处理等，广义上来说也属于机器人的范畴。ChatGPT 的火爆出乎所有人预料，因此，基于开放数据和企业自身产生的数据，国际国内掀起了大模型研究浪潮，不管是基于垂直领域的公司，还是具有多个应用场景的科技巨头，都已经将大模型视为未来公司业务新的发力点和盈利增长点。这些公司在赋能主营业务的同时，也在培养更多的相关人才，推动该领域的持续发展。在人才和市场的双重驱动下，国内龙头企业毫不犹豫地发力，中国电科的"小可"、中国电信的"TeleChat"、中国联通的"鸿湖图文"、中国移动的"九天·海算政务"、百度的"文心一言"、阿里的"通义千问"、华为的"盘古"、美亚柏科的"天擎"，商汤科技的"书生"、科大讯飞的"星火"、360 的"SEEChat"已经开辟出了国内大模型的新战场。大模型具备深度学习的能力，采用自我驱动型和自我监督结合的学习方式，在数据的海洋里探索时，不受人工标注数据的限制，通过算法不断筛选和匹配有关解决方案的数据资料，在不断的试错中找到最接近准确答案的解决方案。

大模型的应用场景十分广泛，比如在挖矿的时候，可以使用 AI 视觉大模型技术分析判断卸压钻孔施工的质量。作为辅助工具验证工程的规范性，数据的翔实程度通过算法可以设定最合理的数值。这不但能够加快验证流程，还能够在一定程度上避免出现人为的判断失误，造成人力、物力的损失。中国国际经济交流中心副理事长、世界经济论坛基金董事会成员朱民对大模型的快速应用指出了两个可能性："一是由多个大模型基础设施公司，为上游应用提供 API（应用程序接口）和模型服务，上游应用公司只需要专注于开发产品逻辑。二是 AI 公司多为垂直公司，每个公司都根据自身需要研发底层大模型，为自身应用提供技术支持。"

"金融强国"

2024 年 1 月，习近平总书记在省部级主要领导干部推动金融高质量发展专题研讨班开班式上强调："金融强国应当基于强大的经济基础，具有领先世界的经济实力、科技实力和综合国力，同时具备一系列关键核心金融要素，即拥有强大的货币、强大的中央银行、强大的金融机构、强大的国际金融中心、强大的金融监管、强大的金融人才队伍。"习近平总书记深刻提出建立健全"六大体系"：科学稳健的金融调控体系、结构合理的金融市场体系、分工协作的金融机构体系、完备有效的金融监管体系、多样化专业性的金融产品和服务体系、自主可控安全高效的金融基础设施体系。在 2023 年 10 月底召开的中央金融工作会议上，习近平总书记首次系统阐述中国特色金融发展之路"八个坚持"的本质特征：诚实守信，不逾越底线；以义取利，不唯利是图；稳健审慎，不急功近利；守正创新，不脱实向虚；依法合规，不胡作非为。

金融即"资金融通"，通过对资金的有效配置和利用，支撑国家产业全方位发展和进步，如同人身上的血液一样，有效地流动起来才能让人健康地成长。据公开资料显示，我国现在已经拥有全球最大的银行体系，世界第二大股票、保险和债券市场，我国的外汇储备规模多年来一直稳居世界第一，成为公认的金融大国，可是要想从之前的金融大国成长为金融强国，对于几个核心要素的认知不可或缺。

首先，经济基础的坚实与否决定了金融工具发挥作用的广度与深度。世界历史上的荷兰、英国、美国，都是在国内经济基础逐渐坚实起来之后，带来金融产业的强劲发展。荷兰和英国都是通过外向型扩张，通过世界贸易和第一次工业革命的科技推动，形成凸显本国特色的工业产业，继而在世界秩序中产生影响力。正因为贸易和工业发展都需要资金支持，供需关系导致了国家和因为其他行业发展而富起来的个人愿意将资金流通起来，投资到更有前景的工业中，进而催生了各种类型的投资人群和金融工具的涌现，伦敦也因此发展成为世界金融中心之一。美国的发展离不开第二次世界大战、第二次工业革命和第三次工业革命的催化。在这些历史事件的共同催动下，华尔街最终成为金融顶级投行、投资企业的代名词，其金融工具和衍生品创新层出不穷，为各种应用场景提供及时有效的金融服务。

其次，强大的货币体系和影响力是决定金融强国外延的重要因素。美元之所以在全球贸易中形成强有力的影响力，一方面基于美国在全球的经济强国地位，另一方面是源于通过布雷顿森林体系确立了美元的世界霸主地位，通过美元影响全球各个国家的经济是不争的事实。根据中国人民银行发布的《2023年人民币国际化报告》显示，人民币在全球支付中排名第五，2023年以来占比逐月上升，9月达到3.71%；2023年前9个月货物贸易中人民币结算的占比达24.4%，同比上升7个百分点，为近年来最高水平；在国际储备货币中排名第五，占比2.69%，目前已有80多个境外央行或货币当局将人民币纳入外汇储备。货币影响力虽然基于经济基础的因素较重，人民币国际化任重道远，但是也不排除通过与友好国家建立贸易人民币结算机制来扩展人民币的使用范围，增强其他国家对人民币的认同感，提高人民币使用频率。央行也应该采取更为开放和透明的汇率政策，以促进人民币国际化的进程。

再次，培养和储备高精尖的金融人才是建设金融强国的必要条件。没有足以媲美国际领先的人才，金融强国仍需待以时日。投资是金融的一部分，金融是服务实体经济的最强手段。从公司主体的角度来看，金融公司和投资公司也跟实体企业一样，属于需要营利的组织。投资看的是实体公司团队，那么，自身也需要有有竞争力的团队，才能够更好地发展壮大，从而在世界金融行业中崭露头角。由此可见，建设金融强国，一是需要国家重视鼓励财经类高等院校、综合院校的财经院系及专业科研院所建立更完善、更有中国社会主义特色的教学体系；二是要有理论水平深厚的金融体系学科带头人和资深教师，引入在国际投行投资界有丰富的实践经验的杰出人才，助力从院校毕业的学生能够高效地为金融实践作出贡献；三是学习美国对高端金融人才引进特事特办的经验，让这类人才尽快融入到国内金融行业中来。有了人才，才能够学以致用，先学习模仿，再创新创造，才能够完成中国特色的金融强国建设。

最后，建设强大的中央银行、金融机构、金融市场、金融中心和监管机构是重中之重。我国央行一直在货币政策方面保持着清醒的认识，起到了国家经济发展稳定器的作用。国内商业银行业、保险业龙头企业已经在国际上占有重要地位。投资银行业的龙头在国际上的发展并不尽如人意，需要加强市场拓展。为此，我们建立了主板、创业板、新三板等多层次资本市场，期货交易所和各种商品交易所制度以及交易模式业已成熟，数字资产交易所在数字经济成为"中国特色第四次工业革命"的契机下应运而生，数字资产入表也成为增强中国国际影响力的一项重要发力点。香港、上海作为中国的金融中心，在对外投融资窗口、金融对外开放等方面发挥了应有的作用。国家金融监督管理总局、中国证监会的监管政策频出，对国家金融体系的纠偏和调整也是一次次地践行金融强国的理念。

脱离实体经济来谈金融，金融注定就成为无根之木、无源之水，"为有源头活水来"讲的就是实体经济和金融的关系。中央金融工作会议提出的"坚持把金融服务实体经济作为根本宗旨"的要求完全符合金融强国的定义。根据中国人民银行的数据显示，各类商业银行、股份制银行、农商行等对实体经济发放的人民币贷款余额从2014年的81.43万亿元涨到了2023年年末的235.48万亿元，年均增速保持在10%以上，这个比例与名义GDP增速基本匹配。所有资金融通活跃的来源就是实体经济的健康成长，深入研究金融投资面向大行业和细分行业的发展规律，是为其提供全阶段、全方位、股债结合的基本依据。如果金融机构不能深入了解这一点，便不能细致入微地为实体经济提供"贴身式"服务，或者无法及时提供资金，或者提供无用资金，或者提供资金不能满足其发展需求，时间点和额度的错位，必然会导致在某个时间点上两者的脱节。实体经济和金融由此形成了"相爱相杀"的关系。古人云："知己知彼，百战百胜。"稳扎稳打，才能步步为营。胜利是"双赢"而非"独赢"。通过这样的关系发展，我们有望高歌猛进、一路向前，最终实现金融强国的目标。

想要切实服务好实体经济，金融机构不仅要对行业分析到位，还要通过聘请各实体行业专家来做金融工具设计和定制的产业顾问，让产品真正地适用于各个领域、各个阶段的企业。从投资的角度而言，债权类融资也需要下沉到中小微企业，切实为其发展壮大缓解一部分现金流问题，并且敢于承担部分资金沉没的风险。债权与股权特性的结合更能增加国内年轻人的创业氛围，能够做大资产池的基数，增加遴选优质企业的概率。

　　银行作为"金融之母"，在其他金融牌照公司能够通过较为灵活多变的标准遴选投资标的时，需要闪耀出敢于担当的"母性光辉"，要对其他需要其资金支持的金融机构设定尽职免责容错机制，避免因为无效的谨小慎微痛失刺激新兴行业发展的大好良机。资金安全风控日趋严格只能是对债权类投资，对于股权类投资，假设银行理财子公司可以更灵活地对资产进行投资，那么以庞大的资金体量来推动战略新兴行业的龙头企业，加快"链主"企业的快速成长，将对整个产业链的"建链、强链、补链、延链"理念产生深远的影响。只有从宏观视角审视当下和未来，进而俯瞰国家产业结构，才能在产品设计上面"高配科技前沿产业，温补传统产业，逐渐放弃落后淘汰产业"；只有从微观着手实践并落地实施，让资金的强光照进资金匮乏的现实，帮助相关企业实际解决问题而不是回避问题，才能够真正做到金融强区县、强省市、强国家的最终效果。

　　金融是国之重器，其应用范围之广、产品设计之复杂、对实体经济促进之强效都是有目共睹的，要想在世界金融大格局中获得一席之地，还需要我辈加倍努力，不能有丝毫懈怠。在实践中探寻真知，用真知引领实践，最终走出一条中国特色的社会主义新时代金融强国之路。

第七章

数字经济：
数据资产与网络安全

各地主政者热议数字城市，说明数字中国已经在全国人民心中形成共识。大数据、云计算、网络安全、算力底座等是搭建数字中国的核心生产要素。它们不仅为各个产业提供坚实的技术支撑，也为传统产业转型升级提供了数字化"弹药"，让每个产业的发展更具动力和优势。

　　数字经济在每个行业都有用武之地，在高端制造业有工业互联网的优化带来的产业升级；在军事方面可以提升防御能力，增强对外打击能力，通过升级武器装备，增强国家的威慑力，可以维护国家安全，进而确保我国保持稳定的发展状态。

算力底座决定大模型能走多远

习近平主席在致 2021 年世界互联网大会乌镇峰会的贺信中指出:"数字技术正以新理念、新业态、新模式全面融入人类经济、政治、文化、社会、生态文明建设各领域和全过程,给人类生产生活带来广泛而深刻的影响。"延展开来看,国内经济正在经历数字经济转型,如广东正在全面推进数字经济省的建设。算力是第四次工业革命的原动力。前文提到的数字经济革命带来的生产效率提升是显而易见的,不过,再大的模型如果没有算力支撑,都不可能在应用端展示最佳的效果。根据通用定义,算力是数字经济时代集信息计算力、数据存储力、网络运载力于一体的新型生产力,是支撑数字经济蓬勃发展的重要底座,是激活数据要素潜能、驱动经济社会数字化转型、推动数字政府建设的新引擎。算力主要是为大规模生成式工作负载提供强大支持,其优越性在于能够提供更好的性能和存储空间。通过深度学习和自我学习,算力能够将大模型持续训练成万亿参数的超级大模型。超级大模型可以在文字语言处理、图片设计和分析、计算机视觉、应用系统等方面发挥功效,进一步为人类的工作生产解决复杂问题,提供更为准确翔实的解决方案。

据公开数据显示,我国的算力产业规模发展迅速,近五年的平均增速超过30%,整体算力规模排名位于全球第二。中国通信学会副理事长、华为科学家咨询委员会主任徐文伟说:"大模型的算力需求每两年增长750倍,而硬件的算力供给每两年仅增长3倍,迫使AI算力必然从单机走向集群时代。摩尔定律逼近物理极限,只有芯片、应用、架构等系统全域协同优化,才能有效解决算力提升问题。"

根据工业和信息化部发布的数据显示,截至2022年年底,中国的算力核心产业市场规模已达1.8万亿元,并持续稳定增长。清华大学全球产业研究院等机构发布的《2021—2022全球计算力指数评估报告》显示,计算力指数平均每提高1个点,数字经济和地区生产总值将分别增长3.5‰和1.8‰。随着算力融入经济社会发展的各个方面,数字经济发展动能更加强劲。中国工程院院士邬贺铨指出,"中国的算力由基础算力、智能算力和超级算力组成,总和已位于全球前列"。为此,2021年5月,国家发展改革委、工业和信息化部等四部门联合印发《全国一体化大数据中心协同创新体系算力枢纽实施方案》,强调需要加强顶层设计,加快推动算力、数据、应用资源集约化和服务化创新。2022年2月,在京津冀、长三角、粤港澳大湾区、成渝、内蒙古、贵州、甘肃、宁夏8地启动建设国家算力枢纽节点,并规划了10个国家数据中心集群,形成了"东数西算"的格局,利用西部充裕的算力资源来支持东部丰富的数据运算。

2023年9月19日,华为创始人兼CEO任正非与ICPC(国际大学生程序设计竞赛)基金会及教练和金牌获得者的学生的谈话时说:"我们即将进入第四次工业革命,基础就是大算力。"算力可以说是大模型存在和发展的根基。根据IDC相关数据,中国智能算力市场规模将由2019年的31.7EFLOPS(每秒浮点运量次数)增长至2026年的1271.4EFLOPS,复合年均增长率约为69%。大模型需要有超级计算机进行训练,才能通过对参数的研究和模拟使用,更快地适应新出现的应用场景。国家在"东数西算"、高性能计算、数据中心等方面大规模投入,便是为了数字经济的腾飞和大模型爆发性的应用打造好算力底座。在"华为全联接大会2023"上,华为副董事长、轮值董事长、CFO孟晚舟表示:"华为致力于打造中国坚实的算力底座,为世界构建第二选择。我们将持续提升'软硬芯边端云'的融合能力,做厚'黑土地',满足各行各业多样性的 AI 算力需求。"

英伟达最先进的 GH200 Grace Hopper 超级芯片已经发布,引起了市场的广泛关注。同时,A100 GPU(Graphic Processing Unit,译称图形处理器)芯片供不应求,被市场追捧价格大幅度炒高。尽管如此,A100 GPU 依然需要排队等货。公开数据显示,英伟达占据全球 80% 以上的 GPU 服务器市场份额,同时拥有全球 91.4% 的企业 GPU 市场份额。市场庞大得吓人,基于自身发展的需要和市场的需求,国际科技巨头纷纷入局,谷歌推出了 TPU 芯片,Meta 制成了 M1 和 M2 芯片,亚马逊发布了 Trainium 和 Inferentia 芯片,OpenAI 作为大模型的领军企业也开始研发自主知识产权的 AI 芯片,AMD、英特尔、IBM、微软都开始推出 AI 芯片。作为全球首富,马斯克旗下特斯拉已经推出了 Dojo 超算集群,算力将达到惊人的 100EFLOPs,相当于 30 万块英伟达 H100GPU 的总和;Dojo 超算集群旨在提升智能网联汽车的自动驾驶功能和人形机器人 Optimus 擎天柱等领域的效率和算力。据公开媒体报道,Dojo 已经投产并计划在未来几年内研发总投入超过 10 亿美元。

英伟达也很郁闷,算力芯片确实好,在中国这个全球最大的市场面前,又面临着美国不允许直接甚至变相转卖给中国客户,大批的订单被取消不能交货,最终丢掉的是数十亿美元的收入损失。这也激发了我国国内生产厂商的爱国热情,在市场和订单的刺激下，几乎所有大厂都开始纷纷下大本钱研发算力芯片。在许多互联网大厂库存充足的情况下，为了避免算力芯片不能足额供应的情况再次出现，他们正积极租用服务器云算力，以补充算力不足的短板。

算力租赁已经成为诸多上市公司积极布局的领域，因为他们看到了算力所处的核心地位，比如A股上市公司莲花健康，其主营业务一直以来都是调味品，莲花味精更是家喻户晓的品牌，现在这家公司也耐不住寂寞开始做算力租赁了。2023年9月28日，莲花健康披露公告称，计划斥资6.93亿元向新华三集团采购330台英伟达算力服务器。2023年10月10日晚间，莲花健康在披露的异动公告中称，该公司计划从事算力租赁业务的业务模式主要为公司负责投资建设智能算力中心，需要购买大量固定资产，为下游各行业客户提供面向人工智能业务的算力租赁云服务。2023年11月10日莲花健康在互动平台表示："目前公司在全力推进此前签订的采购合同中约定的算力服务器交付事宜外，也在通过其他渠道构建稳定的算力芯片供应链体系，确保公司算力业务快速推进。此外，公司陆续与若干合作方签订了算力租赁业务相关合作协议，储备了一定的算力客户资源。"凭着这几纸公告，莲花健康的股价从2023年8月底开始一路飙升，上涨了140%。客观事实就是，在这个算力需求处于初步发展期、仍然见不到天花板的时间段，只要企业有低成本的宽裕资金，能够拿到英伟达在内的算力芯片，根本不愁没有客户。客户期望签署长期协议，从而保证算力的长期稳定性。所以说，很多上市公司如果现金流充足，即使主营业务跟算力完全不一致，也可以在算力租赁市场大展拳脚，这就是风口上的生意经。

另外，包括莲花健康、恒润股份在内的上市公司涉猎算力租赁业务，也是基于算力租赁业务的毛利率比主营业务还要高，且盈利更加稳定。根据东吴证券基于2023年9月数据测算，租赁英伟达A800毛利率约为40%，净利率约为20%，英伟达H800会更高。不要小瞧企业逐利的决心，这恰恰是企业生存且持续壮大的必然选择。

英伟达在美国制裁中国的政策，为中国国内科技厂商实现算力技术突破打开了一扇门。在国内，华为的算力底座包括了昇腾AI芯片、Atlas 900 SuperCluster集群以及盘古大模型等。其中，华为和科大讯飞联合研发的AI芯片昇腾910B，持超万亿参数大模型训练，在深度学习、超级计算、快速识别等功能方面，已经能与英伟达的A100 GPU并驾齐驱，也代表了算力的权力游戏中，中国的华为也能够占一席之地。正因为代表数字经济基础的算力有强烈的市场刺激和未来现金流旺盛的预期，订单驱动让华为、科大讯飞、中科云从等国内领先企业掀起研发的热潮，用高薪吸引国际化人才，发展能够拥有自主知识产权的 GPU 算力芯片，通过对传统产品重新设计制造，而不是简单地在传统产品上嫁接升级，我们同样可以蹚出一条不同于原有产品的新路子。

2023 年 11 月 10 日，中国工程院郑纬民院士在 ChinaSC 2023 第五届中国超级算力大会主旨报告中指出，国产生态只要解决好编程框架、并行加速、调度器、内存分配系统、容错系统、存储系统等问题，即使只有国外芯片 60% 的性能，国产 AI 卡也会大受欢迎。在算力的道路上，必须要依靠自主知识产权，在技术赶超上不能放慢脚步，包括华为、中兴通讯在内的国内科技企业更要奋起直追。其中，中兴通讯已形成了全栈算力解决方案，推出了绿色数据中心、通算/智算全场景服务器、高性能数据中心等在内的端到端 IDC 解决方案。不过，比起国际科技巨头的发展速度来，国内科技企业依然任重道远。

网络强国战略缔造下一代互联网

网络强国战略包括网络基础设施建设、信息通信业新的发展和网络信息安全三个方面。2014 年 2 月，习近平总书记在中央网络安全和信息化领导小组第一次会议上指出："要从国际国内大势出发，总体布局，统筹各方，创新发展，努力把我国建设成为网络强国。"国家互联网信息办公室编制的《数字中国发展报告（2023年）》显示，2023年，我国网民规模达10.92亿，互联网普及率达77.5%，数字经济规模超50万亿元，稳居世界第二。信息时代下的网络权益事关国家核心利益，也与每个网民的切身权益息息相关。数字中国在互联网上的追求，不是在旧的互联网秩序上重建，而是致力于实现独立自主、自我创新，用中国强大的市场打造中国特色的网络技术和秩序，并借此影响更多愿意使用我们互联网服务的国家和民众。

习近平总书记在《实施国家大数据战略，加快建设数字中国》一文中强调："要构建以数据为关键要素的数字经济。建设现代化经济体系离不开大数据发展和应用。我们要坚持以供给侧结构性改革为主线，加快发展数字经济，推动实体经济和数字经济融合发展，推动互联网、大数据、人工智能同实体经济深度融合，继续做好信息化和工业化深度融合这篇大文章，推动制造业加速向数字化、网络化、智能化发展。要深入实施工业互联网创新发展战略，系统推进工业互联网基础设施和数据资源管理体系建设，发挥数据的基础资源作用和创新引擎作用，加快形成以创新为主要引领和支撑的数字经济。"[①] 数字中国的

---

① 习近平：《论科技自立自强》，中央文献出版社2023年版，第179—180页。

数字化网络化不仅包括上述的工业互联网，还包括军队应用的军用网络和人们日常使用的民用网络。据统计，我国的网络基础设施规模全球最大，为数字中国的全面发展提供了坚实的物质基础。

做网络强国，需要知道社会现状。ICANN（The Internet Corporation for Assigned Names and Numbers，互联网名称与数字地址分配机构），位于美国，是互联网的最高核心管理机构，核心任务是管理互联网根服务器，享有全球域名系统管理、互联网技术的采用、IP地址分配、协议参数配置以及主服务器系统管理等职能，是以中心化权力高度集中形式运营的非营利机构。全球共13台根服务器，其中有10个分布在美国，分别是威瑞信公司（A 主根）、南加州大学信息科学研究所（B 根）、PSLNeT 公司（C 根）、马里兰大学（D 根）、美国航空航天局（E 根）、互联网软件联盟（F 根）、美国国防部网络信息中心（G 根）、美国陆军研究所（H 根）、威瑞信公司（J 根）、ICANN（L 根）。还有3个根服务器，分别位于瑞士斯德哥尔摩（I 根）、荷兰阿姆斯特丹（K 根）、日本东京（M 根）。由此可以推断，全球所有的域名都掌控在美国的主根服务器手中，体现了美国在互联网中的核心霸主地位。

2014年6月23日，世界各国在ICANN第50次大会上达成了七点共识：一是互联网应该造福全人类，给世界人民带来福祉，而不是伤害；二是互联网应该给世界各国带来和平与安全，而不能成为某一个国家攻击其他任何国家的"利器"；三是互联网应该向服务于发展中国家的利益倾斜，因为这些国家所处的阶段，发展更需要互联网带来的福利和机遇；四是互联网应该注重保护公民合法权益，绝不能成为违法犯罪活动生存的场地，更不能成为对某些国家实施恐怖主义活动的载体；五是互联网应该讲究文明诚信，不能无端地造谣和欺骗；六是互联网应该向全世界传递正能量，继承和弘扬人类的优秀历史文化；七是互联网应该帮助未成年人健康成长，而不是用一些非法手段毒害青少年，为人类的未来留下希望的火种。2016 年 10 月 1 日，美国商务部下属国家电信和信息管理局（NTIA）将互联网域名系统（DNS）管理权正式移交给 ICANN，不过这种形式上的转让并没有对美国在互联网的霸主地位产生实质性影响。ICANN 将 A 主根的运营管理权和对其他根服务器的分发控制权转包给了威瑞信公司进行信息技术承包，威瑞信担任根区维护者的地位自始至终没有改变过。

很多人认为互联网是全世界的，但是网络也有主权，在域名、技术等核心都不可控的时候，就需要做出改变，降低美国对我国互联网的"网络主权"影响。2016 年 4 月 19 日，习近平总书记在网络安全和信息化工作座谈会上的讲话中指出，互联网核心技术是我们最大的"命门"，核心技术受制于人是我们最大的隐患。下一代互联网国家工程中心专家委主任、中国工程院院士邬贺铨在工程中心专家委员会议上表示,"IPv6、根服务器、SDN、能源互联网等领域的关键技术研究和部署,将全面推动产业向前,在解决全球互联网现有问题的同时为国家争取更大的话语权"。

中国正在建设世界最长距离 400G 全光网,可以在网络传送时速度更快、容量更大、更低延时,是算力网络的重要基础和坚实底座。"IPv6＋"网络就是解决下一代互联网的难题,2018年 5 月,工业和信息化部发布的《推进互联网协议第六版（IPv6）规模部署行动计划》,按照要求,"IPv6＋"规模部署是建设网络强国的重要国家战略,国家也专门设立了具体机构来进行建设和完善。根据下一代互联网接入系统国家工程研究中心官网介绍,其由国家发改委批准,在深圳依托华中科技大学研究院设立了"下一代互联网接入系统国家工程实验室深圳分室";在澳门依托 MTel 澳门电信设立了"下一代互联网接入系统国家工程实验室澳门研究中心";在武汉依托光谷光联网公司设立了"下一代互联网接入系统国家工程实验室光联网产学研基地"。围绕我国下一代通信网、物联网、互联网发展的"卡脖子"关键核心技术与难题,在接入技术与方法、接入芯片与器件、接入系统与装备三个层次,从前沿基础、核心技术、集成能力三个方面,聚焦高速光纤接入、宽带无线接入、物联网接入、智能业务接入、安全可信接入五个技术方向开展研究与重点攻关,以实现"接入芯片与模块突破封堵""接入共性技术研究协同创新""接入系统产业化商用首发"为战略目标,打造国际一流的接入系统产学研用合作平台,重点建设"一个中心(国家工程研究中心)、三个基地(华科大创新研发基地、平台企业成果转化与工程化基地、共建单位产业化基地)",实施有组织的科技成果转化,聚焦"四个面向",持续提升工程中心创新能力,切实为实现关键核心技术自主可控、提升产业链供应链现代化水平、推动接入网产业高质量发展提供技术保障,推动我国下一代互联网产业快速发展。下一代互联网推动的是整个数字经济的协调发展。

针对网络建设方面的布局,我们一直没有停歇。随着新业态的逐步形成,网络强国战略将推动相关应用成为现有各行各业必须与之融合的领域,就此催生巨大的应用市场。比如,数字孪生本质上是对物理对象的虚拟模型化演练,是通过3D可视化,将生产运营中的数据作为分析基础,通过仿真演练、机器学习和推理判断拿出解决方案。数字孪生可以广泛应用于智能工厂改造,建造工厂和产线的3D可视化仿真,对生产流程和运行状态进行可视化管理;运用到生产流程管控上,对生产设备的运行状态进行3D可视化监管分析,为未来技术改造积累数据支撑;运用到工业园、产业园、商业楼宇等场景,让可查、可控、可管的关键性数据 3D 可视化展现，有利于实时监控和处理相关问题。

我国要成为现代化强国是需要在多方面发力的，信息时代最重要的平台和工具是网络，之所以重要是因为它跟人们的生活息息相关，信息的传递、应用的协同、科技的更新都会牵一发而动全身。网络强国战略在根基上和新基建上都已经付出了努力。网络强国建设是系统工程，在推进网络强国建设的过程中，尤为重要的是在网络各项应用中保证数据和信息的安全，以防范网络犯罪。

网络安全攻防得当，把时刻存在的威胁挡在门外

网络犯罪是当今非常常见的犯罪方式，也是网络空间扩张和发展的必然产物。网络安全，顾名思义是指通过采取必要措施，通过各种手段防止对网络的攻击、侵入、干扰、破坏和非法使用以及意外事故的发生，保持网络稳定并且处于可靠运行的状态，保障网络数据的完整性、保密性、可用性，避免造成国家和人民财产损失。2014 年 2 月 27 日，习近平总书记在中央

网络安全和信息化领导小组第一次会议上指出,"没有网络安全就没有国家安全,就没有经济社会稳定运行,广大人民群众利益也难以得到保障""网络安全和信息化是事关国家安全和国家发展、事关广大人民群众工作生活的重大战略问题"。2016年11月7日通过的《中华人民共和国网络安全法》,明确了网络安全在国家法律体系中的地位,也大大增强了我国人民的网络安全意识。随后,《中华人民共和国密码法》《中华人民共和国数据安全法》《关键信息基础设施安全保护条例》《国家网络空间安全战略》《国家网络安全事件应急预案》《网络安全审查办法》《云计算服务安全评估办法》《数据出境安全评估办法》等一系列法律法规和政策办法出台,全网"大扫除"的"清朗"行动、清理毒害青少年身心健康不良内容的"护苗"行动,打击网络黑客和电信网络诈骗等行为的"净网"行动,都是近几年做好网络安全工作的重点举措。

网络无处不在,网络安全已经是普遍性问题,包括政府、企业、个人信息以及财产的安全。很多App都在权限管理方面要求用户对电话号码簿、相册、摄像头等选择放开限制,假设设定在App使用期间放开权限还有一定安全防范性,一旦这些功能随时都被放开限制,那么个人手机上的所有隐私在App管理者面前基本就是透明的。笔者曾经见过一款手机,设计的摄像头是弹出式的,使用者发现每天都会弹出很多次,无论身处浴室还是办公室，都会有 App 在偷看偷听自己的信息。此类行为被许多无耻的 App 管理者们美其名曰了解客户需求，以便提供更好的服务。真是滑天下之大稽！不论出于何种目的，把侵犯用户个人隐私的行为作为自己的数据库存档的做法，都是违法行为。很多人在跟朋友们聊天的时候，可能都有过这样的经历：刚讲完一个品牌信息或者一个物品，再打开某些购物网站，网站就会自动弹出一些相关购物导引。这说明自己被偷听了，然而这样的事情不胜枚举。2021 年 8 月 20 日，十三届全国人大常委会第三十次会议表决通过《中华人民共和国个人信息保护法》，进一步强化了对侵犯个人信息行为的保护。信息的泄露会在某一个节点让你感到困扰，并且会带来一些意想不到的伤害。法律的约束固然重要，但对个人而言，更重要的是在下载 App 时就要把权限设定好，同时，我们也要告诫身边的亲朋好友注意保护个人信息，努力将个人信息泄露的风险降至最低。

再讲两个电信诈骗的例子，有些在校大学生在找工作的时候为了提升自己学历的含金量，不惜铤而走险，伪造计算机二级证书或者大学英语四级证书，甚至伪造研究生学历证书，在网络论坛或者其他网络渠道找到所谓的卖家，通过转款的方式定制"产品"。这种行为不仅严重违法，也容易使自己落入被骗的泥淖。再比如，某职员收到了假冒银行发来的信息，要求其登录相关的链接，并且输入相关信息，以领取银行给的积分兑换奖励，但很快就会收到银行发来的信息，显示自己卡里的钱款被转光了。还有不少商务人士，收到人工合成的不雅照片，随之而来的就是"希望私了花钱免灾，还是选择交给相关机关"，这种就是到处撒网，看谁能够上钩。我们一定要有警惕心，不要见到 Wi-Fi 就连接，见到二维码就扫，更不能随意点击、安装不明软件。

个人遇到网络安全问题可能只是破点儿财，企业如果碰到网络安全问题可能就是灭顶之灾。如今，企业网站被黑的事件已经不常见了，这些黑客只是出于泄愤或者好奇心理，实际上产生不了太多实质性效益。为了经济利益而施行犯罪行为的黑客大多是侵入企业的数据库，抓取企业的核心商业机密或者技术秘密。虽然隔行如隔山，黑客未必看得懂技术文件，但是企业的竞争对手或者企业本身都懂得这些商业机密的重要性。既然文件重要，黑客就可以高价卖出，这也成为黑客赖以谋生的手段，例如可以通过加密数据要求企业付款获得密钥等方式来获得利益。当然，这个黑客团队本来就有可能是企业的竞争对手指派而来的，毕竟商场如战场。除了经济利益受损失之外，被黑客侵入的企业还可能会丧失客户的信任，声誉和品牌知名度下降，客户会担心企业网络安全工作没做好，导致自己的信息泄露，对自己未来的日常生活产生不利的影响。为避免黑客侵入，企业要综合利用技术手段和管理手段，聘请专业的网络安全公司帮助企业建立个性化防火墙，通过加密数据保障数据安全、安装杀毒软件、定期备份数据、定期安排安全测试和修补漏洞、限制访问权限等方式来尽量减少企业数据受到威胁。

消费行业里的酒店集团经常被黑客作为攻击的重点对象。2020年1月，网络黑客利用万豪酒店集团用来提供客人服务的第三方应用程序App，从中盗取了520万份消费者的护照和身份证、联系方式、性别、生日和个人喜好等详细信息，这次重大数据泄露让万豪的客户美誉度急剧下降。2020年7月，某网络黑客集团侵入了130个超过100万粉丝的个人和企业推特账户，基本上是类似于埃隆·马斯克、比尔·盖茨、杰夫·贝佐斯、巴拉克·奥巴马、迈克尔·布隆伯格等知名人士及苹果等多家知名企业，在美国引起了轩然大波。黑客用其中45个账户推广虚拟货币，导致推特的股价下跌4%，成为头部互联网企业损失惨重的事件之一。

个人和企业的财产损失已经让人防不胜防，各国政府不会坐以待毙，在网络安全的世界里积极组建具备"攻防"功能的国家队黑客。国与国之间的竞争日益激烈，涉及信息和行业也更为广泛。2023年11月1日是《中华人民共和国反间谍法》颁布实施9周年，间谍作为每个国家都深恶痛绝的"影子"，他们的重点任务是信息攫取和制造破坏，大量的敏感信息都是通过突破网络安全渠道获得的。比如，找一些能够接触到国家机密的公职人员、军人、国防科研单位人员、重要企业员工甚至是学校师生等，进而找到潜在对象的弱点，利用钱财、美色、个人污点、个人隐私、个人诉求、亲属相关的事情等来发展这些人成为间谍，这是"攻"。国家安全机关通过网络收集的信息对相关人员进行甄别和排查，通过判断日常行为轨迹、缩小信息来源范围等方式，找到混入我国的间谍，将其绳之于法，这是"防"。2023年9月11日开始的国家网络安全宣传周，以"网络安全为人民，网络安全靠人民"为主题，通过论坛、研讨会、成果展览、网络安全知识竞赛等形式，发动党政机关、教学科研机构、企业、社会组织等各方力量，深入广泛地参与网络安全宣传活动，构筑网络安全防线。由此可见，国家网络安全确实会严重影响到国家政治安全、经济安全、军事科技文化社会安全，全民网络安全意识的培养和维护显得尤为重要。

数据资产是全民财富的兑换券

数据是第四次工业革命的"石油"，也是新型生产要素。2020年，《中共中央 国务院关于构建更加完善的要素市场化配置体制机制的意见》首次明确将数据要素列为土地、技术、劳动力、资本之后的第五大生产要素。2022 年 12 月，中共中央、国务院印发《关于构建数据基础制度更好发挥数据要素作用的意见》，提出搭建我国数据基础制度体系的二十条政策措施。习近平总书记在中央全面深化改革委员会第二十六次会议上指出，要促进数据高效流通使用、赋能实体经济，统筹推进数据产权、流通交易、收益分配、安全治理，加快构建数据基础制度体系。

  自 2014 年广东省大数据管理局成立以来，截止到 2022 年年底，全国有 26 个省（自治区、直辖市）成立了省级大数据管理服务机构。由于各地对数据的重视程度不一，又没有国家级的专属机关来进行管理，我国的数据管理一直处于"九龙治水"的局面。基于数据作为生产要素的重要性，也为了避免出现"数据孤岛"，国家数据局于 2023 年 10 月 25 日正式揭牌成立，主要职责是协调推进数据基础制度建设，统筹数据资源整合共享和开发利用，统筹推进数字中国、数字经济、数字社会规划和建设等。这标志着数据作为核心的新型生产要素被纳入国家的管理体系。未来，国家数据局将汇聚全国的数据并为其设定明确的数据确权制度、分级标准和定价规则，为数据更精确地转化为生产要素奠定坚实的基础并提升其在市场中的公信力。同时，在全球尚未形成确权制度、数据标准和定价规则的情况下，中国的国家数据局通过科学的机制来定义数据资产，这本身就是我国在国际上取得领先地位的重要标志。

数据资产非常庞杂，却并不完整，其中大量的数据属于缺失状态。政府手中握有大量的数据，各个部委办局的数据往往存在差异，导致数据的真实性难以考证，或者说考证起来成本太高。相比之下，企业的商业数据是独立存储的，不想共享出来，原因有以下几个方面。一是出于商业利益考虑，怕有商业竞争者觊觎，在商场上通过数据互相进行打击；二是怕数据泄露引起不必要的麻烦，客户出现不满情绪。还有些历史数据因为技术或者其他原因无法全部电子化，造成了数据断代，形成不了完整的周期，从而丧失了或者缺少了参考价值。在挖掘数据规律时，由于缺少了足够量级的数据基数，难以准确地判断和决策。至于个人数据，大多数被个人忽略掉了，也搞不清楚到底有什么价值，且可能涉及个人隐私问题，因此这部分数据缺失严重。

权责利应该相当，假设把政府、企业和个人等各类主体的数据都收集起来，数据产权问题也让人挠头。各项数据资产涉及的主体比较复杂，比如随着智能网联新能源车成为除手机外的又一电子终端，车企掌握着购车人更多的信息，比如各种App的账号密码或者缴费情况，驾驶员的各种行为习惯，常用乘车人的相关信息等。这些信息属于个人隐私，假设某应用企业根据上述信息完成了某项产品或服务的开发，并且产生了效益，但这些数据的生产者——驾驶人员和乘客并没有获得相应的利益回报。因此，界定数据产权的压力传导给使用方，使用方又不知道怎样分配权益才是最合理的，这就形成了一个死循环，数据应用的合理性也就无法实现。我国至今没有对此类情况制定明确的法律规定，因而也没有形成完整合理的数字治理体系。

数据资产还存在质量不高的问题。中国社会科学院大学公共政策研究中心副主任蒋敏娟在接受《中国新闻周刊》采访时说："虽然一些省份的数据中心已经完成数百亿条的数据汇集，但基本上是为履行'应汇尽汇'的政策要求，原始数据普遍质量不高，可读性、可用性不强，数据冗余、重复存储的问题突出。不仅不能满足业务需求，而且占用了系统的存储与算力空间。"为此，要保证数据质量，首先需要经过数据清洗把重复的、多余的数据清理出去，然后对缺失的数据进行补足，纠正错误的数据，最后对数据进行校验，这样才能够保证数据的"干净"，提高数据的质量。数据资产只有保持高质量发展，才能真正通过系统性梳理发挥其资产保值增值的作用。

即使数据完成大规模的收集和清洗整理，数据安全也是一项难题。假设数据得以开放使用，各个主体的数据是否会被不当使用甚至被犯罪分子利用，其不确定性极高。如果被犯罪分子甚至间谍利用，可能会给数据持有者和生产者带来意想不到的风险和危害。举个日常可见的例子，现在有不少销售旅游产品的 App，经常玩"大数据杀熟"的游戏，在客户完成多次订票后，不断地摸索客户订票和酒店的规律，包括价格区间、时间周期、个性化要求等，根据这些数据给客户贴标签。App 的技术部门通过这些标签做出消费习惯的分析，为客户"量身定做"了一套差异化的方案。比如同样的房间或者机票，不同客户在相同的时间购买，网站给出的价格是不同的，消费能力强、不太在意价格的客户看到的价格高，为了留住价格比较敏感的客户，看到的价格就低，这种"杀熟"行为其实是打的信息差。殊不知这种欺瞒行为很容易被戳破，一旦被媒体曝光，不但损害了企业的价格公信力，更伤害了客户的感情，导致客户流失，不会再在此 App 上消费，企业得不偿失。

综上所述，数据资产实现"数据产权、流通交易、收益分配、安全治理"，需要尽快梳理出制度要求和标准，建立多层次的数据资产交易中心，尽快将存量数据资产盘活，更好地为各行各业服务，体现出真正的社会价值，完成变现流通的目标。截至 2023 年 7 月，全国已成立深圳数据交易所等 48 家数据交易机构。为确保数据交易的规范性和公平性，我们需要制定相关法律法规和政策标准来明确企业和个人数据资产的产权，并建立合理的定价体系，让数据体现出其真正的价值，而不是纸上谈兵。通过利益的实现和分配，才能真正调动起企业和个人对数据资产的认知积极性，更好地利用好属于自己的数据权利。

同时，我们需要增加数据资产在企业财务报表中的相关规定，还要对数据资产相关税种的定义、征收的标准、申报的流程进行前瞻性的设计，避免偷税漏税等不正当行为的发生。

既然已经明确了数据资产作为生产要素的重要性，随着数字中国战略的施行，大批企业都在进行数字化改造，越来越多的互联网数据中心（Internet Data Center，简称 IDC）的建设也成为大势所趋。众所周知，数据中心是属于新基建中的重资产类型，有区域要求、客户要求、指标要求，收益相对稳定。根据市场调研在线网最新发布的《2023—2029 年中国 IDC（互联网数据中心）市场需求预测与投资战略规划分析报告》，2022 年，中国数据中心服务市场同比增长 12.7%，市场规模达 1 293.5 亿元。数据中心建设需要有 IT 基础设施（主机、存储、网络装置等）、企业级 ETL 平台、数据存储中心、数据共享服务、应用层、统一门户、数据管控平台等。建设数据中心需要有物理空间和采购各种设备，需要有能够建设标准化 IDC 空间的建筑商，以及为信息系统提供服务的运营商，还需要有稳定的政府、互联网企业、金融机构、云服务商等客户。

数据中心是一个配备恒温、恒湿、防静电设施以及空调新风系统等多种设备的空间，耗电量大且需要有稳定的电源供给。据 IDC 预测，2024 年，国内数据中心耗电量将占全社会用电量的 5% 以上。大力度推行节能减排，降低能耗，为实现我国"双碳"目标，建设绿色数据中心势在必行。中国工程院院士邬贺铨指出，随着"东数西算"布局逐渐成熟，"一些对于后台加工、离线分析、存储备份等对网络要求不高的业务，可率先向西部转移"。2022年2月17日，国家发展改革委高技术司负责同志在答记者问中指出：一是推动全国数据中心适度集聚、集约发展；二是促进数据中心由东向西梯次布局、统筹发展。要坚决避免数据中心盲目发展，在当前"东数西算"的起步阶段，在8个算力枢纽内规划设立10个国家数据中心集群，划定物理边界，明确绿色节能、上架率等发展目标。不断加强数据中心和电力网一体化设计，推动可再生能源发电企业向数据中心供电。

数据中心作为国家新基建的必备模块，也会成为大国投资不可缺少的一环，无论是国有资金还是社会资本，都会在数据中心建设上有大展拳脚的空间。

第八章

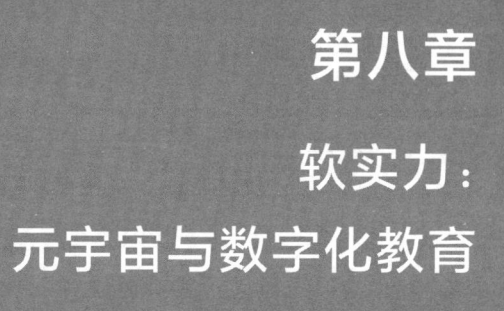

软实力：
元宇宙与数字化教育

文化搭台，经济唱戏，科技支撑。文化的概念比较宽泛，像元宇宙、电子游戏等实际上是科技含量极高的技术产物。只不过这些技术产物必须要通过某种文化形式表现出来，因此，我们将其归类为科技文化领域或者说为文化服务的科技企业。

文化承载的是希望，赋予科技的是灵魂和生命力。文化的魅力在于其吸引力，有吸引力的文化才能有更广泛的传播。纯粹的恶意输出是没有市场的，因为受众都是"用脚投票"的。"己所不欲，勿施于人"，没有扎根土壤的鲜花是活不长的。

文化是民族的，也是世界的。文化的魅力在于跨越国界，而科技的力量在于推动综合文化的传播输出，并且促进经济的发展。

非物质文化遗产的商业化传承之路

2022年12月,习近平总书记在对非物质文化遗产保护工作作出重要指示时强调:"要扎实做好非物质文化遗产的系统性保护,更好满足人民日益增长的精神文化需求,推进文化自信自强。要推动中华优秀传统文化创造性转化、创新性发展,不断增强中华民族凝聚力和中华文化影响力,深化文明交流互鉴,讲好中华优秀传统文化故事,推动中华文化更好走向世界。"

民族的就是世界的。人类种族包罗万象,历史悠久的中华民族经历过五千年的历史积淀,集聚了精神和物质的巨量财富。中华56个民族各具特色,保留了文字、诗歌、绘画、音乐、建筑、器皿、服装、节日等众多区域文化,让我们能够感受到各个民族在不同的区域都有深厚的文化底蕴。优秀的文化在新时代得以传承并推陈出新，通过更为先进的传播渠道和手段，在国内外都占据了引人瞩目的文化高地。各个民族都有非物质文化遗产，这也是民族文化的精粹所在。《中华人民共和国非物质文化遗产法》第三十七条明确规定："国家鼓励和支持发挥非物质文化遗产资源的特殊优势，在有效保护的基础上，合理利用非物质文化遗产代表性项目开发具有地方、民族特色和市场潜力的文化产品和文化服务。"

非物质文化遗产，简称"非遗"，指的是中华各族人民世代相传，并视为其文化遗产组成部分的各种传统文化表现形式，以及与传统文化表现形式相关的实物和场所。2003年10月17日，联合国教科文组织第32届大会通过《保护非物质文化遗产公约》，2004年8月，中国批准加入此公约，成为第6个加入此公约的国家。截至2022年年底，中国有43项列入联合国教科文组织非物质文化遗产名录（名册），位居世界第一。

《中华人民共和国非物质文化遗产法》规定的非物质文化遗产包括：

（一）传统口头文学以及作为其载体的语言；

（二）传统美术、书法、音乐、舞蹈、戏剧、曲艺和杂技；

（三）传统技艺、医药和历法；

（四）传统礼仪、节庆等民俗；

（五）传统体育和游艺；

（六）其他非物质文化遗产。

属于非物质文化遗产组成部分的实物和场所，凡属文物的，适用《中华人民共和国文物保护法》的有关规定。

2023年6月，习近平总书记在视察中国国家版本馆时指出："我最关心的就是中华文明历经沧桑留下的最宝贵的东西。中华民族的一些典籍在岁月侵蚀中已经失去了不少，留下来的这些瑰宝一定要千方百计呵护好、珍惜好，把我们这个世界上唯一没有中断的文明继续传承下去。"为此，我国陆续出台了《关于进一步加强非物质文化遗产保护工作的意见》《国家级非物质文化遗产保护与管理暂行办法》《国家级非物质文化遗产代表性传承人认定与管理办法》等，进一步推动非物质文化遗产的保护和传承。中国十大传统文化：刺绣、瓷器、茶、围棋、武术、中医、丝绸、京剧、书法、剪纸，均属于非物质文化遗产序列。

非物质文化遗产的保护其实是跟传承紧密结合的，把传统的工艺和手法传承下来，就是一种切实有效的保护措施，而快速商业化也是确保其可持续保护和传承的重要支撑。具体商业化路径可以包括"非遗+文创产品""非遗+旅游""非遗+科技融合""非遗+产业升级""非遗+互联网""非遗+传统文化教育""非遗+短视频直播""非遗+乡村振兴"等形式，不一而足。

如果说地理标志产品是一种商品标签,非物质文化遗产也可以被当作商品标签。只不过前一种代表的是地域特色的力量,是空间的加持;后一种代表的是历史传承的力量,是时间的加持。历史是不可以磨灭的,发生了就是发生了,历史的车轮不会停歇,车辙印记和走过的路程都不容否定。2023 年 11 月初,越剧演员陈丽君通过抖音的推荐,粉丝迅速增加到百万级别,被网民评价为"又美又飒",年轻人来演绎传统文化可以彰显不同的风采。德云鼓曲社也是将戏曲传承延续下去的践行者,大批老年艺术家通过大范围收徒弟、登台演出增强影响力等方式,吸引了大批观众,让人们意识到我国并非没有传统艺术,而是缺乏传统艺术表演的舞台。非物质文化遗产的再次崛起也需要有主导的部门,有强有力的执行者,有愿意为之投身的社会群体。遗产之所以成为遗产,是因为我们认为这些非物质文化依然有存在的价值,否则就被当作垃圾和糟粕丢掉了。因此,在传承过程中,更需要以人为本,与时俱进,商业化的非物质文化遗产并不丢人,这是从业人员和商业机构赖以生存和愿意为之付出的前提。天眼查数据显示,截至 2023 年 10 月底,经营范围包括"非物质文化遗产"字眼的存续企业有 56 400 家,可见非物质文化遗产已经为大众所接受,也已经达到了商业化初步繁荣的阶段。

非物质文化遗产绝不只是放到展馆里就能传承的,还需要有商业机构对其进行甄选和包装，采用传统生产方式、传统工艺流程和核心技艺，以现代商业社会和消费者偏好的呈现方式，才能真正传承下去。举个例子，短视频平台能够通过大数据和线上线下结合的方式，挖掘出愿意与时俱进的非物质文化传承人以及传统表演艺术团体。这些传承人不仅是一种职业身份，同样也需要有维持生计的手段。短视频平台通过对用户贴标签和积极推送，不断培养受众的观赏习惯，既然是好的形式，就一定能找到用武之地，找到能够变现的方式。比如，捏面人、折纸、剪纸的非遗传承可以将流行元素融入精致的手艺。一些流行的动画片人物、取得合作权利的 IP、时尚的电子产品和吉祥物都可以成为其手中的商品。再比如，唢呐等中国民间特色乐器，可以演奏流行歌曲、歌剧等跨界艺术，在短视频或者电视综艺平台参与节目，也能迅速吸引人们的注意力。

虚拟现实、人机交互、沉浸体验、仿真机械都是能够跟非遗结合起来的。笔者曾经考察并体验过一个中医理疗机器人项目，两只机械臂按照中医脉络的设定，不断推拿腰背肌肉，精准控制按摩力度，有节奏地进行中医推拿，实现了非物质文化遗产中的中医文化和现代工业机器人完美融合。据说有一些科技公司也在研发针灸、艾灸等更为复杂的机器人装置，如果真的能够实现，那也可以缓解医护人员就业区域不平衡的痛点，以及患者无法对症入药的难题。与此同时，有些公司在做中医大模型，将中医药抓药标准化，通过对过往诊疗数据的收集分析，可以很快对患者的症状做出判断，并且对症下药。也有一些标准化药包产品随着中医大模型进化而更加科学，对病情缓解更加有效。

国家对历史文化的保护通常通过博物馆的形式表现出来，一是为了给后代们保留足够真实的历史场景和物品，感受中华民族的伟大和中华文明的传承，增加文化自信和自豪感；二是为了让国际社会对中国有更加充分全面的了解，借此增加国际交流，增加全球各国对中华文化的认同感。非物质文化遗产有很大一部分是在博物馆中展出的，数字文化博物馆建设如火如荼，各地博物馆都在聘请专业团队进行设计和建设，其目的是让优秀的历史文化尽可能多地展现在公众面前，筛选出一部分适合现代的展品做成文化创意产品，以此吸引游客，让当地成为"网红打卡地"。适量的营销手段不会拉低非物质文化遗产的格调，反而会让大家耳目一新，感受到传统文化与现代理念的完美结合，相得益彰。

《中共中央 国务院关于做好2022年全面推进乡村振兴重点工作的意见》明确提出，"加强农耕文化传承保护，推进非物质文化遗产和重要农业文化遗产保护利用"。乡村振兴的场景包含了"非遗+乡村振兴"，要用好国家对乡村振兴颁布的政策，挖掘各个乡村的非遗项目，再通过商业化运作对适合的项目进行孵化、壮大、商业化，这样才能不埋没发光的珍珠，也能通过将这些珍珠串起来，带动乡村振兴的非遗产业链腾飞。

元宇宙爆发猝不及防又在意料之中

"元宇宙"一词源于 1992 年美国作家尼尔·斯蒂芬森的科幻小说《雪崩》，按照小说中的描述，人们可以在"Metaverse"里可以拥有自己的虚拟替身，这个虚拟的世界就叫做"元宇宙"。如果需要对元宇宙有更直观形象的感觉，你可以去看好莱坞电影《黑客帝国》系列和《头号玩家》。2015 年，元宇宙概念曾经风靡一时，概念股暴风影音 40 个交易日出现 37 个涨停板，股价从 7.14 元飙升到 327 元，风头一时无两。当时，一些人还没搞懂元宇宙是什么概念，也还没来得及买入任何一支概念股，这股"妖风"就刮过去了。2021 年，元宇宙再度被当时名叫 Facebook、现在叫 Meta 的龙头企业带得直接起飞，大批元宇宙概念公司纷纷涌现出来，当然很多都是借着风口现场篡改的概念。

世界最大的多人在线创作游戏 Roblox 给元宇宙列出了八大要素：身份、多元化、社交、沉浸感、低延迟、随时随地、经济系统和文明。接下来，我们详细解释一下这些要素。

（1）身份。在元宇宙的世界里，用户可以选择扮演自己或者其他任何身份的人或者物品，在元宇宙中完成消费、娱乐、工作、生活等。

（2）多元化。元宇宙对各种人设都不予限制，每个人都可以通过创作来展示自己的个体。

（3）社交。元宇宙本身就是一个交流互动的平台，人们可以通过硬件设备、文字、语音、行为等来进行交流。

（4）沉浸感。人们可以通过不同科技公司的 AR（Augmented Reality）增强现实、VR（Virtual Reality）虚拟现实和 MR（Mixed Reality）混合现实技术产品，来体验类似真实感受的动作、味道、图像视频、声音等。

（5）低延迟。元宇宙中的时间线跟现实中的时间线是重叠的，所见即所经历，主人公都能够在无延时的情况下，感受更加真实。

（6）随时随地。元宇宙的用户、创作者等都可以随时随地进入元宇宙世界，迅速融入元宇宙世界中。

（7）经济系统。元宇宙有自己的虚拟货币，虚拟物品也是可以按照一定价格来获取的，也可以通过对物品的认知来定价拍卖相关物品。

（8）文明。元宇宙属于人类科技文明的一部分，不完全是跟现实社会脱节的。在元宇宙里犯罪如果给用户财产造成损失，也是能够在现实社会中得到惩罚的。如果没有文明秩序，元宇宙得以建立的基础就不存在了。

虽然各自对元宇宙所具备的特性看法不同，仅仅从这八个要素来看，元宇宙的本质就是"万物皆可虚拟"，不光是现在的城市设施、高楼大厦，还包括人类个体、各种动植物，甚至能创造出一些不存在的生物或者场景，也就是说它能把整个宇宙以虚拟的形式展现出来。前文讲过数字孪生的概念，可以避免出现实物的消耗和浪费，也可以避免在实验中出现实际风险，造成人员或者物品的损害，不过数字孪生的应用场景都是单一的、定向的，而元宇宙其实可以理解为一个将无数个数字孪生场景集于一体的虚拟世界，能够让人通过技术进行沉浸式体验，场景是虚拟的，但感觉是真实的。

元宇宙跟锂电池新能源车、氢能源车一样，都需要建立新的生态，完成其基础设施建设，激发内容生产者的积极性，找到愿意埋单的受众群体。无论多尖端的技术，位于科技的哪个前沿，最终都要以成本优势和效率优势来变现，科研经费的投入需要有相应体量的产出配比，不只是为了激发科研人员的积极性，更多是为了推进整个产业的转型升级和颠覆性突破发展。这种飞轮效应可以转动着让整个行业变成正循环，不过从事实看来，飞轮转动的速度还不够，或者说技术突破和现实需求都没能够达到预期。VR、AR、XR 的硬件设备虽然已经更新换代，但是仍然有这样那样的缺陷，包括 Meta 卖得最火的 Quest3 在内，都无法满足所有人的客观要求。硬件的市场缺失也就意味着很多人愿意尝试内容，但是忍受不了达不到预期效果的硬件，最终这股热劲儿消散后，便不想再尝试下一批设备和内容。

为什么说元宇宙的生态依然没有能够完全建立起来呢？2023 年发生了两件元宇宙世界关注的事件。第一件事是 Meta 元宇宙部门亏损趋势不减反增。根据 Meta 公布的三季度财报来看，Meta 的元宇宙相关部门包括负责 AR 和 VR 业务的 Reality Labs（现实实验室）三季度营业收入巨亏达到 37.42 亿美元，甚至高于 2022 年同期的 36.72 亿美元。其中，2019 年以来，Meta 致力于构建元宇宙的现实实验室已经亏损了约 465 亿美元。为此，2023 年初，Meta 裁员过万人。第二件事是国内曾经在 2021 年 8 月卖给字节跳动的 VR 硬件公司 PICO。这家国内市场硬件设备排名第一的公司风光不再，2023 年 11 月，PICO 发布内部通知，计划对组织架构进行调整。CEO 周宏伟在全员会上发言："我们有如下一些基本的判断，VR 行业处于非常早期的状态，此前，我们对行业和市场的发展估计得比较乐观，但实际上没有预期那么快。"自此，PICO 也从高峰时期的 2 000 人缩减到了不及一半。根据 36 氪报道，2023 年 11 月前，PICO 公司全部员工人数在1 600人左右，在字节跳动内部转岗的OS部门大概有400人；市场、游戏、视频部门近千人，裁撤了近400人；再就是硬件部门才有200多人。其实，早在2023年年初，大批的大厂都官宣对元宇宙业务板块进行裁撤，比如快手元宇宙、腾讯自研XR部门、爱奇艺的奇遇事业部等。

假设连续的大规模投入没有产出，任何一个公司都不可能让这块业务持续下去。除非像Meta这种财大气粗的国际巨头，用来自社交媒体平台的收入养活AR、VR和现实实验室的研发和新业务拓展。在Meta第三季度财报电话会议上，马克·扎克伯格提出："未来几十年，我们行业最有趣的问题之一是，如何将我们的物理世界和数字世界融合为一种连贯而良好的体验。"2023年，Meta暂缓了部分元宇宙项的研发投入，同时Meta宣布成立了Ouro Interactive工作室，试图通过建立"地平线世界"（Horizon Worlds）项目，快速推出VR虚拟游戏，能够让Meta的元宇宙条线尽快产生现金流。

元宇宙是巨头们玩的资本游戏，曾经的元宇宙概念可以让暴风影音打板37次，也能让资本颗粒无收。笔者认为现阶段的元宇宙其实就是"元宇宙陷阱"，意思就是在现在硬件与内容同样无法满足用户需求的情况下，"造血机制"耗光了短中期投入的资金，却没能够培养出用户的使用意识，也没有能维持运营的稳定现金流，最终无论是现阶段投入人力物力的科技创业企业,还是不明就里只看到风口就闯入的无知投资人,都陷入了同一个陷阱中不能自救,也没人会拉他们一把,只能成为元宇宙行业的"先烈"。"疾风知劲草",元宇宙的风太疾,刮得也太快,钱亏得也快,裁员裁得也很快。

现在看来,元宇宙的应用场景除了 To B 的教育培训,比如用在消防官兵的日常培训、飞行员用于模拟训练的场景、机械维修专业的学员模拟组装和修理培训等,还有就是沉浸式影视观看和游戏都有比较充足的应用场景。这种情况下,其实可以在有限的硬件条件基础上发力,开发相关内容,既能够规避长时间用硬件观看带来的不适感,还能够真正让用户体验到元宇宙的魅力。另外一种应用场景是政府机关,之前在网上办理证照、证明等都是利用传统的互联网,现在有机构提出元宇宙政府的概念,把整个城市相关部门都平移到元宇宙中,提供更加直观和便捷的服务。再就是公众人物和房产、汽车等大额消费品的展示应用,为了制造宣传噱头,也是为了让体验者足不出户挑选到合适的房产,用元宇宙的形式可以更贴近用户需求,这也是广告宣传的一种独特方式。还有就是元宇宙与文化旅游相结合,比如元宇宙博物馆、元宇宙景区等,都是一种宣传加消费的新形式。

从政策角度来看,国家和各地方政府对元宇宙产业的发展还是相当支持的。2023 年,工业和信息化部、教育部、文化和旅游部、国务院国资委、国家广播电视总局办公厅联合印发《元宇宙产业创新发展三年行动计划（2023—2025年）》。文件认为，元宇宙是人工智能、区块链、5G、物联网、虚拟现实等新一代信息技术的集大成应用，是具有广阔空间和巨大潜力的未来产业。文件提出了"5大任务""14项具体措施""4项工程"。其中，5大任务即"构建先进元宇宙技术和产业体系""培育三维交互的工业元宇宙""打造沉浸交互数字生活应用""构建系统完备产业支撑""构建安全可信产业治理体系"。14项具体措施，包括"加强关键技术集成创新""丰富元宇宙产品供给""构筑协同发展产业生态""探索推动工业关键流程的元宇宙化改造"等，它们紧紧围绕5大任务，进一步明确细化了各自的发力方向和突破点。4项工程，即"提升关键技术""培育产业生态""工业元宇宙赋能""强化产业基础"，它们从技术、生态、赋能、产业基础等不同维度，进一步谋划布局产业突破口，为带动示范任务一、二、三、四的实践落地提供了重要支撑平台。

2023年，北京、上海、浙江、江苏、广州、深圳等地陆续出台了元宇宙支持政策和专项规划，从技术创新、产业应用、平台建设、人才引进和培养等多个方面来支持元宇宙发展。中商产业研究院发布的《2024—2029全球与中国元宇宙市场现状及未来发展趋势》显示，2022年全球元宇宙市场规模达到2 800

亿美元。由此看来，政策指引认为元宇宙是我们不可或缺的产业发展一分子，需要在政策的引领和指导下，有序有节奏地使元宇宙真正发展成为健康的新兴产业。

电子游戏是虚拟科技的摇篮

腾讯公司高级副总裁马晓轶表示，伴随技术的演进，游戏正在成为一个"超级数字场景"，它在文化传递、公共服务、教育应用、科技创新等方面，将释放更大的价值与可能性。从全球范围看，游戏是有能力把未来世界用科技的手段和有想象力的画面提前展现出来的一种娱乐形式，能够充分激发人性的欲望和潜力，完成玩家自身在现实与虚拟之间跳空转换的重要角色扮演。在我国传统思维中，虽然游戏一直被学生家长诟病，但从理性判断的角度，游戏作为一种科技在越来越多的场景中释放了自身的独特价值。不管国内对游戏的看法是否存在偏颇，世界各国对游戏竞技的态度是不为舆论所动的。游戏通过数百上千个开发者的努力，营造出一个超级庞大的数字场景集群，在叙事严谨、场面宏大、快速升级迭代的数字化场景中，游戏厂家会调动一切可支配的资源来满足市场需求，获得良好的现金流,再将资金用于加强技术应用和加大研发投入,充实新的游戏场景和增加玩家所需功能。它们经过时间和玩家的检验,通过夜以继日的大批量数据收集和修正,演变成为科技集中度极高、客户体验感极强、变现能力不俗的终端产品。

电子游戏可以分为竞技类、射击类、实时战略类、赛车类、体育竞技类、故事类等多种类型,每种游戏的受众各有不同。在多数科学工作者看来,游戏科技能够为 AI 算法提供低成本的训练与展示平台。人工智能在游戏中的应用场景或者说训练场景包括以下几种:游戏地图的搭建和优化,角色动作表情及装备的设计和分析,故事情节和文化的构建和输出,关卡和任务设计因人而异做出反应等。算法通过计算机视觉技术和数据分析后的角色功能优化,让游戏变得更加智能化,更能够摸清楚用户的类别和喜好,为游戏生命周期的延长和未来新游戏的开发提供了依据和资料。

游戏本质上来讲是一种人机交互,在深度学习的大模型已经成为 AI 运用新常态时,游戏中不断出现的不同性格和技术的玩家给深度学习提供了非常有力的学习平台,人与机器之间的磨合通过不断加入的游戏玩家变得更为顺畅。在录用飞行员和训练飞行员的测试中,能够打好游戏也是需要考察的一个项目,模拟飞行器理论上来讲也是一种游戏,但其主要用途在于教学和培训。准飞行员在模拟机舱的场景里，在各种机械运动配合飞行操作的过程中，尽量维持即时反应也就是零延时，这也对系统和算法都提出了很高的技术要求。模拟训练虽然不能囊括在实际飞行操作中遇到的所有情况，却能够迅速调整模拟的天气变化、明暗度调节、机内外突发情况等因素，以训练飞行员的应急反应，帮助形成肌肉记忆，对未来的真实性操作有益无害。仿真游戏降低了训练成本和风险，能够更好地对飞行员、消防员、特种车司机等特殊装备操作人员进行不限时训练，同时可以进行模拟对战、团体作战等不同场景的多人互动，提升团队协同作战能力，也能够避免出现意外情况，对相关人员造成不必要的伤害。其实，元宇宙也是游戏沉浸感升级的重要技术支撑，能够更真实地展现出不同的应用场景，甚至可以虚拟出极端的场景，以便激发培训人员的个人潜力。

　　从艺术角度来看，电子游戏也能够将许多文化理念通过动画的形式表现出来，技术团队不但可以用精美的构图和设计震撼玩家的眼球，逼真的特效加上专业的游戏设备可以让玩家身临其境，还可以通过对游戏进程故事的构思让玩家流连忘返，增加玩家与扮演角色的情感共鸣，从而达到对游戏的深度参与，甚至能让玩家从中学到人生道理，指导现实生活中遇到的问题。沉浸在电子游戏虚拟世界中，可以让玩家暂时忘记现实中的烦恼，"一张一弛，文武之道"，只要不是沉迷其中"荒于嬉"，适度的娱乐能够给人们的心灵带来愉悦感和轻松感。适度的电子游戏，可以帮助一些在日常生活中因为工作、生活烦恼而焦虑的人们尽可能地放松，通过适当的消费来达到游戏厂商资金流水和用户体验感的双赢局面。

当国内群众对游戏的观念局限于对青少年学生产生的不利影响时，游戏出海也成为国内游戏厂商的必然选择，其中，东南亚、日韩、中国台湾为主要出口市场。当代中国与世界研究院《中国数字文化出海年度研究报告（2022年）》显示，数字文化产业已经成为我国文化产业中增长势头最为迅猛的产业门类之一，以游戏等六大业态为代表的数字文化产品和服务成为中华文化"走出去"的重要力量。其中，手机游戏在国际市场异军突起，关注度和认同度都呈现出显著优势，传播范围遍布六大洲。2022年7月，商务部等27部门联合发布《关于推进对外文化贸易高质量发展的意见》，强调大力发展数字文化贸易，积极培育网络文学、网络视听、网络音乐、网络表演、网络游戏、数字电影、数字动漫、数字出版、线上演播、电子竞技等领域出口竞争优势，提升文化价值，打造具有国际影响力的中华文化符号。我国游戏企业也彻底放飞自我，把集聚中国文化特色的游戏打造成为逐渐流行于海外用户的经典款游戏，随之而来也是收入的快速增长。其中，据第三方机构 Data.ai 统计，2023年9月，米哈游的两款现象级游戏 Honkai：Star Rail（崩坏：星穹铁道）与 Genshin Impact（原神）合计产生约 1.4 亿美元海外营收。腾讯旗下《王者荣耀》在全球 App Store 和 Google Play 收入超过 1.98 亿美元，继续蝉联全球手游畅销榜冠军。游戏出海已经成为为国家创造外汇的重要手段之一，也成为游戏企业不断投入研发，为用户提供更优质游戏、更好的用户体验的庞大资金池。

不过，当前游戏也逐渐被主流的称呼"电子竞技"代替，曾经因为打电子游戏被家长抓住胖揍的青少年也摇身一变成了电子竞技运动员。我国人民尤其是年轻人的观念也逐渐开始改变。世界电竞大赛和各种电子游戏的职业竞技赛层出不穷，吸引的参赛和观众人数逐渐增多，有些比赛的奖金池达到了数千万美元。基于此变化，2023 年 9 月 20 日，中央广播电视总台正式发布了《亚运电竞赛事制作规范》，成为我国首个电子竞技赛事制作标准。在杭州第 19 届亚运会举办的电子竞技比赛中，共确定了 7 个比赛项目，分别是《英雄联盟》《王者荣耀（亚运版本）》《Dota 2》《梦三国 2》《和平精英（亚运版本）》《街霸 5》《足球在线 4》等，来自吉尔吉斯斯坦、哈萨克斯坦、乌兹别克斯坦、塔吉克斯坦、老挝、缅甸、马来西亚、菲律宾、泰国、越南等国的竞技选手共同参赛，一共产生了 7 枚金牌，其中中国队共获得《Dota 2》《王者荣耀（亚运版本）》《和平精英（亚运版本）》《梦三国 2》比赛的 4 枚金牌。除了亚运会，各地政府主管部门和企业团体之间合作的电竞比赛不胜枚举，数量之多，参赛人数之广，每年都会有大幅度增长。电子竞技通过吸引年轻人的眼球，已经可以延展到文旅产业，并衍生出广阔的消费市场。

电子游戏和动漫电影也有相通之处，在人物和道具的制作方面有异曲同工之妙。同样地，动漫电影中的人物角色也可以授权给游戏厂商使用，通过这种合作模式，增加各自的收入和影响力。以电子游戏为题材的动漫电影《失控玩家》《无敌破坏王》《像素大战》《头号玩家》等都成了吸引游戏玩家转化为电影观众的高质量作品。其中的商业模式已然非常成熟，创造的IP也都具备非常让人心动的商业价值。

电子竞技其实就是用电子设备完成体育竞技赛事的活动，可以挖掘人们在生理、心理、智力、情绪上的潜力。既然是体育活动，电子竞技也能够激发人们的上进心、好胜心，能够增进各国各民族的了解和文化交流，带给选手和观众刺激的精神享受，又不会引起大家的逆反心理，能够在一定程度上为社会稳定作贡献。2023年9月，上海交通大学发布的《2023全球电竞之都评价报告》表示，多家世界前100位电竞俱乐部扎根中国上海，上海正式超越美国洛杉矶，首次登顶全球电竞之都，也意味着电子竞技文化越来越普及，人们对电子竞技的认知也会越来越正面。

数字化教育让名师教得"越来越远"

再苦不能苦孩子,再穷不能穷教育。随着人们收入的逐渐提高,物质文化生活的需要也在逐渐提升,教育的数字化程度也在稳步增大。数字中国离不开数字教育的发展。

2023年5月29日,习近平总书记在二十届中共中央政治局就建设教育强国进行第五次集体学习时强调:"教育数字化是我国开辟教育发展新赛道和塑造教育发展新优势的重要突破口。进一步推进数字教育,为个性化学习、终身学习、扩大优质教育资源覆盖面和教育现代化提供有效支撑。"人工智能和大数据已经让教育实现多种模式创新、技术创新、业态创新。

古人云:"名师出高徒。"只有潜心培养高质量的老师,才能够教出"青出于蓝而胜于蓝"的优秀学生。数字教育改变了过去一成不变的现场教学形式,带给大家的是随时随地接受教育和培训的权利,而且可以通过名校名师的远程教学,让学生学到现实中无法学到的知识和见解;还能够在遭遇极端天气或者不可抗力无法到达现场参与培训的时候,让大家可以远程完成相关课程的教学。

拿艺术教育培训来说，一些中产阶级在培养孩子方面，无一不想让孩子向"德智体美劳"全面发展并取得进步。在艺术领域面前，天赋比勤奋更重要，当然也需要有不断努力的行动和时刻保持的上进心，才能够培养出艺术领域的优秀人才。大批的家长让孩子学习艺术，其实也是对综合素质提升的期盼。艺术培训教育作为没有被国家课外教育政策所禁止的领域之一，依然在家庭教育支出中占据了不小的比例。如何让孩子能够有艺术细胞，或者说如何发掘孩子们的艺术天赋，成为家长们的一块心病。另外，对于偏远地区的学生们来说，别说艺术教育了，连普通学科的老师都比较难找，师资力量和质量都比大城市的要差不少，用数字化设备来支撑艺术类的学习和辅导更有必要了。

比如，Keep作为通过互联网协助健身、瑜伽、跑步等体育类项目教学和锻炼的App，非常受用户欢迎，也已经成功上市。Keep里面的运动员老师很多是得过国家级、省级冠军的，虽然Keep不算纯正的教学软件，但是在运动这方面体现出了数字化的种种优势。随着体育运动在各阶段考试中权重的提高，也日益显现出专业运动员在各项教学上的优势。

除了教育传输方式数字化之外，许多学校也开始让数字化影音制作、数字化科技走进课堂，旨在普及科学知识，提高学生的动手能力，更好地把课本上学不到的知识带给学生们。这样，学生们能够带着一技之长走向社会，同时也能增长见识，对世界多一层新的认知。

2018年4月23日教育部在《教育信息化2.0行动计划》中规定："通过实施教育信息化2.0行动计划，到2022年基本实现'三全两高一大'的发展目标，即教学应用覆盖全体教师、学习应用覆盖全体适龄学生、数字校园建设覆盖全体学校，信息化应用水平和师生信息素养普遍提高，建成'互联网＋教育'大平台，推动从教育专用资源向教育大资源转变、从提升师生信息技术应用能力向全面提升其信息素养转变、从融合应用向创新发展转变，努力构建'互联网＋'条件下的人才培养新模式、发展基于互联网的教育服务新模式、探索信息时代教育治理新模式。"

按照《教育信息化2.0行动计划》，要建成国家教育资源公共服务体系，国家枢纽和国家教育资源公共服务平台、32个省级体系全部连通，数字教育资源实现开放共享，教育大资源开发利用机制全面形成。2022年，为了更好地落实教育信息化数字化转型，我国成立了国家智慧教育公共服务平台。数字化教育带来的是优秀师资和教育数据信息的全面共享，不管位于哪个区域的学生，都能通过网络进行学习，这在一定程度上打破了教育资源不平衡的情况。"慕课西部行计划"是近些年卓有成效的数字化政策之一。2021年时任教育部高等教育司司长吴岩说，现在教育部推行的"慕课西部行计划1.0版"主要是送课，"2.0版"主要是将范围拓展到课堂之外的智能教育手段，从课堂教学阶段拓展到实验教学方面。"慕课西部行计划1.0"是通过"互联网+"发力，主要是通过慕课、线上线下混合式教学、"同步课堂""克隆班"等方式开展；"2.0版"主要是通过"智能+"来完成，对智慧教学平台、虚拟仿真、智慧实验室、智慧图书馆等"智能+"的技术平台进行搭建和完善，对整个西部高校做好提升工作。据统计，"慕课西部行计划"基本覆盖了我国西部全部高校，2022年给西部高校提供的慕课及定制课程服务超过4.5万门，帮助西部高校开展混合式教学176.9万门次，参与学习的学生超过2.5亿人次，培训西部教师达到35.5万人次。3D裸眼互动教学和增强现实类教学也是非常生动的教学方式，在笔者看来，除了因为传授的知识能够迅速给学生带来知识的积累，更多的还是可以让学生们感受到科技的魅力，从而更愿意成为科技工作者，进而使科教兴国的理念更加深入人心。

人才是重要的生产力，能够把每个人都培养成可造之材是中华民族崛起的人才底座。由数字化衍生出来的产业包括宽带网络基础建设、智能屏幕等硬件配套要到位，还有优质的课件制作、教学软件应用等软件也要配置齐全。大批相关产业为了拿到教育订单，重视研发和应用，提升了此行业整体技术水平。

大中小学本身就有专属的教育经费，对于经济落后和偏远地区的学校，国家和地方也都有相应的教育补贴，因此企业应收账款的回收难度不大，这也促使大批的科技企业以教育行业为主要客户进行发展。对于这类客户，包括银行在内的风险厌恶型金融机构，也更愿意凭借对订单真实性的尽职调查，给予各种方式的金融工具支持。锦上添花的事情有人干，雪中送炭的事情做的人少。

某 H 信息化企业，线下推广渠道的能力很强，原来主要做智慧校园业务，通过对学生们的智能水卡、校园的智慧能源管理来获取稳定的业务收入。校园虽然不同于工厂，用电量和用水量并不大，但是胜在全国大中院校众多，蚂蚁多了也能咬死大象。另外，组办大中院校的全国博览会，以此来加深与学校良好的业务关系，进而抢占众多信息化的业务。该公司通过与第三方合作，成立合资公司的形式，完成了给现有存量客户教学智能大屏的定制化供应，其业务体系的庞大，已经可以用贴牌的形式做出一个知名的校园垂类品牌。正所谓"一招鲜吃遍天"，有了强大的渠道拓展能力，在注定要全国铺开的数字化教育浪潮中，抓住这一可控的渠道因素，就可以轻松自如地去选择供应商作为合作伙伴，最终完成渠道变现，不断丰富产品线，大幅增加营业收入和估值。

再比如 M 公司，曾经以远程教学软件低延时、高质量和制作在职名师课件而闻名，主要是做课外培训，后来因为我国的教育培训政策发生了变化，便开始从职业证件类的培训切入。在新的细分领域，依然是靠着老一套软件和知名度，迅速聚拢了一批名师，也因为很多年轻人甚至中年人就业和再就业都比较困难，越来越多的人需要学习新技能"充电"，又靠着在中年人年轻时积累下来的品牌口碑，很快便攻城略地，在职业教育培训领域打下一片江山。

习近平总书记在教育文化卫生体育领域专家代表座谈会上讲话时指出："要完善全民终身学习推进机制，构建方式更加灵活、资源更加丰富、学习更加便捷的终身学习体系。"学无止境，现在流行的网络公开课，哈佛大学、耶鲁大学等知名国际院校的教授、诺贝尔奖获得者等知名人士，各个行业的行家里手们，也通过数字化传播的形式将自己的一身绝学传递到每个人身边。"活到老，学到老"这句话通过这种形式轻而易举地实现了。由此可见，数字教育其实已经融入每个人的生活中，只要有些数字化信息或者视频能够对我们的知识储备有益，对我们的生活工作有帮助，就是一种教育，笔者理解的"活到老，学到老"也是此等内涵。

第九章

前沿科技：
科技战略与机器人时代

前沿科技永远都是引领世界进步的先锋。不要期盼一步登天，成功的可能只存在于实验室中经过多年默默无闻的探索中，最终在科学家们的努力下才能通达彼岸。在国家的鼓励和产业的催生下，前沿技术才得以成为普世可用的技术，颠覆性地完成技术革命。

　　世界需要科学家，科技是人类进步的阶梯。在探索世界真理的过程中，总会有一些投入较多的国家因科技而发达，因科技而实现经济的高速发展。在这些国家的国民心中，科学家完全就是偶像的代名词。这也是一种先进的文明现象，体现了科技的正面引导力，国家应该正视这一现象，明白谁才是国民最值得崇拜的人。

科技战略是大国第一战略

科技战略是大国的第一战略,本质上是与国家经济实力不断增长相辅相成。以经济孵化科技,以科技反哺经济,是经济发展的外延产物,也是经济持续发展的原动力。习近平总书记强调:"关键核心技术必须牢牢掌握在自己手里。"截至 2023 年 6 月底,我国拥有有效发明专利的企业为 38.5 万家,比上年同期增加 6 万家,共拥有有效发明专利 260.5 万件,占国内总量的七成以上。其中,高新技术企业、"专精特新""小巨人"企业拥有发明专利 180.4 万件,同比增长 23.3%。科技竞争没有永恒的胜利者,永远都在博弈。为了围剿中国科技产业的崛起,某些国家无所不用其极,对资金、资源、人才都予以限制,博弈有时候也是一种战争，不能投降，只能争取胜利。

在科技的不断进步过程中，科技集群会次第出现。科技集群指的是发明人和科学作者密度最高的地理区域。2022年，中国以21个科技集群与美国并列世界第一，世界知识产权组织（WIPO）在瑞士公布了《2023年全球创新指数》（GII），2023年GII使用80个指标跟踪130多个经济体的全球创新趋势，在全球顶级科技集群排名中中国实现了再次进步，以24个全球顶级科技集群获得世界第一，深圳—香港—广州、北京及上海—苏州位列全球前五。研发支出最多的五个经济体在2021年都实现了显著的研发增长。研究与试验发展经费（以下简称"R&D经费"）是指统计年度内全社会实际用于基础研究、应用研究和试验发展的经费支出。R&D经费预算的排名依次为美国（＋5.6%）、中国（＋9.8%）、日本（＋3.6%）、德国（＋2.7%）、韩国（＋7.1%）（见表9-1）。

表9-1 按规模分列的全球15大GII科技集群

排名（Rank）	集群名称（Cluster name）	所属经济体（Economy）
1	东京—横滨 Tokyo-Yokohama	JP
2	深圳—香港—广州 Shenzhen-Hong Kong-Guangzhou	CN/HK
3	首尔 Seoul	KR

(续表)

排名（Rank）	集群名称（Cluster name）	所属经济体（Economy）
4	北京 Beijing	CN
5	上海—苏州 Shanghai-Suzhou	CN
6	加利福尼亚州圣何塞—旧金山 San Jose-San Francisco，CA	US
7	大阪—神户—京都 Osaka-Kobe-Kyoto	JP
8	马萨诸塞州波士顿—剑桥 Boston-Cambridge，MA	US
9	加利福尼亚州圣地亚哥 San Diego，CA	US
10	纽约州纽约市 New York City，NY	US
11	南京 Nanjing	CN
12	巴黎 Paris	FR
13	武汉 Wuhan	CN
14	杭州 Hangzhou	CN
15	名古屋 Nagoya	JP

注：数据来源于WIPO中国办事处。

根据国家统计局、科学技术部、财政部公布的《2022年全国科技经费投入统计公报》，2022年，我国R&D经费投入总量突破3万亿元，达到30 782.9亿元，迈上新台阶；比上年增长10.1%，延续较快增长势头。按不变价计算，R&D经费比上年增长7.7%，高于"十四五"发展规划"全社会研发经费投入年均增长7%以上"的目标。R&D经费投入超过千亿元的省份有12个，分别为广东（4 411.9亿元）、江苏（3 835.4亿元）、北京（2 843.3亿元）、浙江（2 416.8亿元）、山东（2 180.4亿元）、上海（1 981.6亿元）、湖北（1 254.7亿元）、四川（1 215亿元）、湖南（1 175.3亿元）、安徽（1 152.5亿元）、河南（1 143.3亿元）和福建（1 082.1亿元）。广东、江苏、北京、浙江、山东、上海这6个省（直辖市）的R&D经费合计接近全国总量的60%。从研发投入强度来看，2022年R&D经费投入强度超过全国平均水平的省份有7个，依次是北京（6.83%）、上海（4.44%）、天津（3.49%）、广东（3.42%）、江苏（3.12%）、浙江（3.11%）和安徽（2.56%）。2022年，我国基础研究经费突破2 000亿元，达2 023.5亿元，比上年增长11.4%，极大推动了我国原始创新能力提升。虽然国家在科技投入方面不断大幅度增长，但是与美国等发达国家相比，我们的科研经费一直处于使用紧张的状态，尤其是前沿技术的研发和试验，更是需要有大量社会资本进行参与和支持（见表9-2）。

表 9-2　2022 年各地区研究与试验发展（R&D）经费情况

地区	R&D经费（亿元）	R&D经费投入强度
全国	30 782.9	2.54%
北京	2 843.3	6.83%
天津	568.7	3.49%
河北	848.9	2.00%
山西	273.7	1.07%
内蒙古	209.5	0.90%
辽宁	620.9	2.14%
吉林	187.3	1.43%
黑龙江	217.8	1.37%
上海	1 981.6	4.44%
江苏	3 835.4	3.12%
浙江	2 416.8	3.11%
安徽	1 152.5	2.56%
福建	1 082.1	2.04%
江西	558.2	1.74%
山东	2 180.4	2.49%
河南	1 143.3	1.86%
湖北	1 254.7	2.33%
湖南	1 175.3	2.41%

(续表)

地区	R&D 经费（亿元）	R&D 经费投入强度
广东	4 411.9	3.42%
广西	217.9	0.83%
海南	68.4	1.00%
重庆	686.6	2.36%
四川	1 215.0	2.14%
贵州	199.3	0.99%
云南	313.5	1.08%
西藏	7.0	0.33%
陕西	769.6	2.35%
甘肃	144.1	1.29%
青海	28.8	0.80%
宁夏	79.4	1.57%
新疆	91.0	0.51%

注：数据来源于《2022年全国科技经费投入统计公报》。

《道德经》云："一生二，二生三，三生万物。"科技的发展是前沿技术不断演化带来的结果。既然是前沿技术，说明探索深入的科学家凤毛麟角，甚至只有一个实验室团队或者只有一个人。科技从零到一的过程是由这些攻坚克难的科学家们一步步完成的，通过前沿技术对科学理论的反复验证，并在不断实践中创造出更加新颖的科学理论，然后对现有行业进行全面筛选，寻找新技术可能应用的领域，确认后便可以大规模量产，并形成新的科技产业链，带动地方经济的发展。比如"神威·太湖之光"超级计算机，据悉，超级计算机被誉为国之重器，由足足40个计算机柜子、4万多个处理器组成，可以快速推演，模拟计算，策划出最为合理的预案，从而尽可能避免在实际实施过程中的损失。

党的二十大报告提出："必须坚持科技是第一生产力、人才是第一资源、创新是第一动力，深入实施科教兴国战略、人才强国战略、创新驱动发展战略，开辟发展新领域新赛道，不断塑造发展新动能新优势。"对于金融投资机构而言，投资就是投人，人和团队如果研发出有竞争力的市场化产品，投资人大概率会试水投资。假设是一支以投科技企业主要方向的投资机构，尤其是对于"投早投小"的机构，应该更多地去瞄准科研成果转化的项目。科研成果转化有点像农民种地，投资机构勤勤恳恳可以选出优质产品的种子，从各大重点大中院校的实验室里选出来，经过多方面的了解和论证，认为这个种子确实有很大概率结出丰硕的果实。下一步就是通过专业知识对种子进行悉心的照顾和培育，为其成立股权架构合理的公司，注入一定的资本，成为资本方面的创始合伙人。然后再帮其浇水施肥除草，协助科学家团队随着市场调整业务方向和商业模式，对管理中出现的问题及时进行纠正，并且帮助初创公司寻找后面几轮的投资人，继续为种子发芽开花结果助力。最终在果实成熟的那一天，也就是IPO上市或者被上市公司收购的那一天，或者是其他投资人接过早期投资人股份的那一天，才卸下投后管理的重担，因为这颗种子已经变成了参天大树。这还没完，因为早期投资人相当于和科学家团队一起创业，假设团队中还有人愿意再出来创业，第一时间想到的可能就是这个早期投资机构，因为他们会觉得这些投资人极其有眼光，在创业的磨合中也逐渐培养出了信任感。所以，这个时候，早期投资人又需要从头开始培养这颗种子，继续陪到其长成参天大树的那一天。

在笔者看来，大多数早期投资人跟创业者的感情是非常深的，换句话说，创业者在资本运作方面非常依赖早期投资人，尤其是科技工作者，更加明白专业的事情需要专业的人来做，反而不会对早期投资人的工作掣肘。在早期投资人遇到募资困难或者技术判断不准确的时候，往往这类创业者也会挺身而出帮忙。

习近平总书记指出："科技自立自强是国家强盛之基、安全之要。我们必须完整、准确、全面贯彻新发展理念，深入实施创新驱动发展战略，把科技的命脉牢牢掌握在自己手中。"科技离不开金融，离不开创新，更离不开政策，政策对扶持初创科技公司的基金经常另眼相看，对投资项目标的成功概率较大的早期投资公司，更加愿意把资金交给其管理。通过早期投资专业团队的介入，大力扶持科技创新企业，无疑能够更好地配置股权类投资的资产，还能够为当地吸引更多的科研人员，增强本地的科研实力，从而更好地迎来产业转型和孵化，这也是前文所说的"建链"的源头。

更有实力有转型需求的基金公司还可以专项去海外做一些并购，因为现在确实海外高精尖的技术价格都不高。科技公司想做研发，首先要集聚一批高精尖的科技人才，再就是能够获得可以养活这批科技人才的资本。如果对研发投入不够，也就没有优质的产品去投入市场。话说回来，即使大批资金投入研发，也不一定投到正点上。既然海外一些企业已经把产品都做出来了，有战略眼光的企业家就可以花些心思把此类企业并购过来，并购之后便可以直接去学，不用再反推，然后不断地复制，再精进，这种企业和技术的整体并购是一种快速提升我国科技水平的重要方式。基金公司可以通过对海外科技公司并购后进行转型，跟CVC（企业风险投资）不同，基金公司更加懂得资本的逻辑。在它们眼中，被并购的科技公司只是一件商品，只要在持有周期中能够覆盖基金整体投入的成本并实现盈利，就可以通过各种方式完成退出。

早些年，某F基金公司，属于国有混改的股权架构，需要帮助重点行业解决"卡脖子"问题，希望通过海外并购的形式将欧洲的一家芯片公司收入囊中。经过多层架构的嵌套，最终利用一家都是外籍人员组成的当地基金公司，顺利地推进了收购工作。到了离收购完成只差"临门一脚"的时候，当地政府通过技术手段发现穿透股东后面是我国具有国有成分的基金管理公司，便立刻叫停了收购行为，同时将我国派过去的执行代表以某项罪名禁止出境，让 F 基金公司的几年心血白费，最终没有能够完成收购。可见，科技无国界是不完全正确的，在可能增强对方技术实力的情况下，科学是有国界的，是无论用多少资金都难以买来的。我国还是要大力发展自己的科技，解决"卡脖子"问题，在这条道路上，我们的科研工作者已经走出了很远的一段路。

大力拥抱"第二次量子革命"的到来

在 20 世纪初诞生的量子力学，催生出了激光、原子弹、全球卫星定位、核磁共振、晶体管等重大发明，因此被称为第一次量子革命；第二次量子革命随着量子通信和量子计算的兴起逐渐爆发。由量子力学衍生出来的量子信息科技是具备国家战略意义的前瞻性行业，也是前沿科技创新的重要领域。其应用广泛涵盖金融、政务、商业运营、军队指挥等各个领域，可以大幅提升计算效率，确保信息安全，因此成为国际科学家必争的研究方向。

2020年10月16日，十九届中共中央政治局举行第二十四次集体学习，学习的主题是量子科技研究和应用前景，习近平总书记作了《充分认识推动量子科技发展的重要性和紧迫性》的重要讲话，指出："量子力学是人类探究微观世界的重大成果。量子科技发展具有重大科学意义和战略价值，是一项对传统技术体系产生冲击、进行重构的重大颠覆性技术创新，将引领新一轮科技革命和产业变革方向。""近年来，量子科技发展突飞猛进，成为新一轮科技革命和产业变革的前沿领域。加快发展量子科技，对促进高质量发展、保障国家安全具有非常重要的作用。我们必须坚定不移走自主创新道路，坚定信心、埋头苦干，突破关键核心技术，努力在关键领域实现自主可控，保障产业链供应链安全，增强我国科技应对国际风险挑战的能力。要找准我国量子科技发展的切入点和突破口，加强顶层设计和前瞻布局，健全政策支持体系，加快基础研究突破和关键核心技术攻关，培养造就高水平人才队伍，促进产学研协同创新。"

我国对量子信息科技的重视程度非常之高，也深深明白假设没有人才，量子产业便会寸步难行。2020年，全球首个量子工程本科学位在澳大利亚新南威尔士大学设立；2021年，世界第一个量子科学与工程博士项目在哈佛大学设立，我国第一个量子科学与技术方向的博士学位同年在中国科学技术大学获得授权。截至 2022 年年底,全球仅有 50 所高校开设量子技术硕士学位。由此可见,教学的老师和学生都是比较稀缺的,而想要快速培养大批的量子科学家、工程师和技术人员,可通过设立奖学金、定向引导、委托培养等办法增加量子领域相关的人才,在与国际量子行业竞争中占据先发优势。大学注重加强数学、物理等基础学科的教育,确保有大量的人才可以转移到量子研究相关学科。

2016 年 8 月,作为我国国家战略科技力量主力军的中国科学院,统筹全国高等院校、科研院所和量子相关企业,共同依托中国科技大学在安徽省建设了量子信息与量子科技创新研究院。研究院官网显示,量子创新研究院的战略任务是通过对本领域重大前沿科学问题的研究,在量子通信方面,构建完整的天地一体广域量子通信网络技术体系,推动量子通信技术在政务、金融和能源等领域率先加以广泛应用,实现量子通信网络和经典通信网络的无缝衔接,为形成具有国际引领地位的战略性新兴产业和下一代国家信息安全生态系统奠定基础;在量子计算方面,有效解决大尺度量子系统的效率问题,实现数百个量子比特的相关操纵,构建可扩展的量子相关网络,研制对特定问题的求解能力全面超越经典超级计算机的专用量子计算和模拟机,并为最终实现通用量子计算机摸索出一条切实可行的道路；在量子精密测量方面，围绕时间、位置、重力、电磁场等物理参数的高精度测量机理开展系统性研究，突破与导航、医学检验、科学研究等领域密切相关的一系列量子精密测量关键技术，并完成一批重要量子精密测量设备的研制。同时，将量子通信、量子计算和量子精密测量研究中发展起来的相关技术广泛应用于物质科学、能源科学、生命科学等学科领域，使我国在量子科技应用领域全面占领国际制高点。

国家的重视也让地方发现了量子科技能够给地方带来科研实力的整体提升，大批高科技人才落户会提升城市整体国民素质。因此，合肥、武汉、北京、济南、无锡等地纷纷成立了量子科技产业园，建链形成当地有特色的战略新兴产业链，有跟科研院所合作的联合实验室，也有大批成果转化早期企业。同时，还给其配备了早期产业基金。尤其是合肥，不畏惧初创企业估值过高的现实，依然愿意对科技前沿企业投资，体现了作为"风投网红城市"的魄力。

我国设立专业研究院的原因除了国家非常重视之外，也因为世界各国都已经出台了大量政策性文件，大力支持量子科技的研发和应用。比如美国在 2018 年发布的为期 10 年、价值 12 亿美元的美国国家量子计划（NQI）；2023 年 3 月 15 日，英国发布的《国家量子战略》；2018 年 9 月，德国联邦内阁发布联邦政府研究框架计划"量子技术——从基础到市场"；2018 年 10

月 29 日，欧盟理事会正式启动总经费高达 10 亿欧元的量子技术旗舰计划，全面推进量子技术战略，统一协调和规划欧盟国家正在推进中的量子技术工业和研发计划；2020 年 1 月 21 日，日本统合创新战略推进会议发布《量子技术创新战略（最终报告）》，报告将量子作为国家新的发展战略。根据第三方统计数据，有 11 个国家在 2023 年上半年发布了本国的量子战略，包括加拿大、英国、日本、德国、瑞典、荷兰、印度、澳大利亚、丹麦和韩国等。

量子科技对国家网络安全和通信安全都是一种强有力的保障，密码是网络安全的基石，主要包括非对称密码、对称密码、散列密码三类，包括银行、保险等金融机构在内的电子签名和身份认证系统都在使用，还有能源和工业信息系统、国家网络信息系统等。量子计算对非对称密码能够产生极大威胁，对对称密码和散列密码而言，能够大幅增加其被破解的可能性。我国的研究成果斐然，据公开资料显示，具体可以分为以下几个方面：在量子计算方面，我国已经研制出"九章一号""九章二号""九章三号"三台不断升级的量子计算原型机，超导量子计算原型机"祖冲之号"也研发成功，同时也通过多个团队的共同努力，顺利完成了光量子、超导、超冷原子、离子阱、硅基、金刚石色心、拓扑等所有重要量子计算体系的研究布局，借此确立了我国与欧盟、美国三足鼎立的地位。在量子通信方面，我国在国际上首次发射了量子科学实验卫星"墨子号",并建成了连接北京、上海,贯穿济南和合肥全长 2 000 余千米的京沪量子保密通信干线,凭借干线网络的北京接入点完成了与"墨子号"科学实验卫星的连接,2017 年实现了中国和奥地利科学家之间的首次洲际量子视频会议通信。在量子精密测量方面,我国在国际上首次实现了亚纳米分辨的单分子光学拉曼成像,并在室温大气条件下成功获得了世界上首张单蛋白质分子的磁共振谱。这些技术可以应用于资源勘探,精确测算出地下油气存储分布状况,还能测量人体血液中极微量物质的情况。此外,它们还可以模拟新药的研发并反复试验降低成本等。

根据 IDC 的预测,到 2027 年,全球量子计算市场规模将达到 107 亿美元,与 2017 年相比,预计十年内增长超过 40 倍。2016 年 8 月,我国发布《"十三五"国家科技创新规划》,将量子计算机列为科技创新"2030"重大项目,决定研制通用的量子计算原型机和实用性量子模拟机。量子计算机向来是各个国家战略竞争的焦点,量子计算公司也开始雨后春笋般成立并运行。量子计算是一种遵循量子力学规律调控量子信息单元进行计算的计算范式,它在原理上具有超快的并行计算能力,可望通过特定量子算法在一些具有重大社会和经济价值的问题方面实现相比经典计算机的指数级别加速。量子计算的应用主要是加密与信息安全、新材料设计和制备模拟、提前布局防范金融交易风险，同时还能够优化神经网络和处理自然语言，提升人工智能性能和效率，增加机器深入学习的可能性。换句话说，当量子计算机变成通用的计算手段时，量子科技信息时代就真的来临了。

除了上述政策方针和人才培养体系的建立，还需要对量子相关知识产权尤其是国际知识产权的申报敞开绿色通道，尽快寻找已申请专利技术的量子应用场景，推动商业化进程，以扩大其在国际市场上的影响力。此外，还需鼓励大批人才在国际上交流发展，参与甚至主导国际量子相关标准的制定。只有做到这两条，才能在隐隐有"白刃战"趋势的量子科技领域取得先机，也才能立于不败之地。

由于量子科技属于很少一部分科学家在研究的前沿领域，不为大众所知，很多人认为量子科技起步尚早，不足以形成为有效生产力。不过，科技发展的速度可能会因为某个节点的突破而迅速加快，据《科技日报》报道，2023年4月，德国和荷兰科学家组成的国际科研团队首次将能发射纠缠光子的量子光源完全集成在一块芯片上。科技的进步源于不断的实验，不断的试错，最终往往在某个莫名其妙的点上寻找到正确的方向。

推进无人驾驶，重塑生命质量和生产效率

无人驾驶作为人工智能在交通领域应用的终极目标，已然是近几十年科技公司希望通过此技术创新，将导航系统、定位系统、算法、大数据等诸多技术融为一体的高端科技终端技术。其应用场景众多，包括智能港口物流、智能矿山、智能交通等。智能交通板块是最容易让技术变现的领域，除了该技术特别贴近人们的生活之外，它还可以通过大数据来分析判断，进而实现精准定位和构建数据确权的功能原因。

按照美国汽车工业学会将"自动驾驶"从 Level0（简称"L0"，下同）到 Level5 定义了 6 个等级，基本确定了无人驾驶的定义。

1. Level0（No Automation）无自动化

驾驶员是汽车包括智能网联汽车的唯一决策人员，驾驶员必须掌控方向盘、油门、加速和制动等一切控制装置。但可以拥有前碰撞预警 FCW（Front Collision Warning）、车道偏离预警 LDW（Lane Departure Warning）等辅助驾驶功能，还有预警信息提示和全自动紧急刹车 AEB（Autonomous Emergency Breaking）等主动安全功能。

2. Level1（Driver Assistance）驾驶员辅助

自适应巡航 ACC（Adaptive Cruise Control）和车道保持辅助 LKA（Lane Keeping Assist）功能是应用最为广泛的，跟前一个级别比起来，似乎帮了驾驶员特别多的工作。L1 可以辅助驾驶员进行单一方向（横向或纵向）的驾驶辅助控制。但是，即使使用了 L1，也需要驾驶员随时注意路况信息，把手放在驾驶盘上方，准备随时接管汽车驾驶权，以确保安全驾驶。

3. Level2（Partial Automation）部分自动化

组合纵向和横向控制的驾驶辅助功能，其中最引人瞩目的车型是某车型系列，它的交通拥堵辅助系统在时速 60 km/h 以下时，可以通过系统主动保持与其前车之间的安全距离，又能在偏离车道或侧边车辆靠近时，主动纠正行驶的方向，这就相当于整合了 ACC 和 LKA 的功能，使某车型能够以低速行驶的状态实现自动跟车和车道保持。所以某车型交通拥堵辅助系统属于 L2，这种情况下，必须要求驾驶员时刻监控路况，在出现特殊情形时能够迅速接管汽车，避免发生交通事故。

4. Level3（Conditional Automation）有条件的自动化

在封闭场景下比如停车场、矿山、港口、封闭停车场等符合条件的区域时，可以解放双手实现自动驾驶；假设不符合条件，则需要驾驶员接管车辆。

5. Level4（No Human Interference）高度自动化

不需要驾驶员监控路况，当道路出现不满足自动驾驶的条件时，系统自动操控汽车达到安全状态，比如帮你靠边停车。L3级是当道路状况不满足自动驾驶条件时，需要驾驶员接管汽车。L4级驾驶自动化就将行驶状态的所有道路安全责任转移给汽车本身。

6. Level5（Full Automation）完全自动化

驾驶员随时随地都能实现全自动驾驶，这个时候的汽车驾驶根本不需要驾驶员。方向盘现在只是一种使用习惯的形式存在，车内可能已经取消了方向盘的设计，包括加速踏板、制动踏板等操纵装置，因此这也是自动化驾驶的终极状态。

2023年11月17日，《工业和信息化部 公安部 住房和城乡建设部 交通运输部关于开展智能网联汽车准入和上路通行试点工作的通知》（以下简称《自动驾驶通知》）正式印发，以上四部委决定遴选具备量产条件的搭载自动驾驶功能的智能网联汽车产品，并且允许开展准入试点，同时对取得准入的各公司智能网联汽车产品，在限定区域内开展上路通行试点。上述通知明确提出，关于智能网联汽车搭载的自动驾驶功能是指国家标准《汽车驾驶自动化分级》（GB/T 40429—2021）定义的3级驾驶自动化（有条件自动驾驶）和4级驾驶自动化（高度自动驾驶）功能（以下简称"自动驾驶功能"）。由此可见，我国已经将 L3 级别的自动驾驶限制逐渐放开，通过对限定区域内的数据参数跑通收集，进一步向 L4 级别自动驾驶前进。

根据《自动驾驶通知》规定，试点申报流程可以分为三步走，申请方案需要梯次经过中央、省、市三级政府的确认，审核结束后，四部委对是否予以准入和设定哪些上路通行试点做出最终决定。

第一步，联合体制定申报方案，并报经车辆拟运行城市（含直辖市下辖区）人民政府同意，加盖公章。

第二步，联合体向所在地省级工业和信息化主管部门自愿申报方案。后者会同省级公安机关交通管理和网络安全保卫部门、住房和城乡建设部门、交通运输部门、通信管理局，对申报方案进行审核，于 2023 年 12 月 20 日前报送工业和信息化部。

第三步，工业和信息化部、公安部、住房和城乡建设部、交通运输部组织专家对申报方案进行初审，择优确定进入试点的联合体。

无人驾驶的应用场景广泛，除了日常使用的无人乘用车之外，还包括无人通勤车、无人清洁车、无人售货车、无人快递车、无人矿卡、无人宽体车、无人卡车等。笔者曾经在华为松山湖园区看到过无人送货车（见图 9-1），园区内不同办公楼的设备、材料可以通过无人车转运到其他办公楼，不管大件小件都能准确无误地送到收货点。

图 9-1　华为松山湖无人送货车

不过，针对《自动驾驶通知》而言，现在比较成熟的实践是在封闭的产业园区、矿区、港口码头等区域内进行。比如矿区就是一个非常好的应用场景，按照生产要素，矿区无人驾驶主要包括采装、运输、排土/卸载、充电或加油等环节。通常而言矿区作业环境非常恶劣，必然会面临U形转弯、落石/颠簸道路、重载陡坡、狭窄工作平台、扬尘等极端环境，窄道会车、异型排土位等诸多挑战，对硬件可靠性、算法适配性、定位精确性提出严格要求。一是安全隐患导致的需求强烈。例如，矿卡车的车体宽大，导致视野盲区较大，因此在现场人多的时候容易发生事故。矿区的交通事故发生较多，主要是由于驾驶员对驾驶环境和驾驶车辆的把控失误。二是驾驶人员的需求。矿区所处的位置往往比较偏远，矿卡驾驶员这一职位越来越难招聘到年轻人，驾驶员老龄化现象严重，人力成本较高。三是驾驶员不规范操作导致成本增加。驾驶员在实际操作中经常存在不规范行为，导致油耗较高，轮胎损坏严重，进而增加了车辆维修成本和保险费用风险。有需求就会有供给，但是无人矿卡也面临许多技术难题和挑战，比如复杂工况的挑战、全流程无人操作的挑战、运控平台承载能力的挑战、无人驾驶零部件因路况减少寿命的挑战等。因此，许多公司都瞄准了矿区、港口等重卡、矿卡、宽体车赛道。

相比较而言，虽然乘用车是在较为平坦的公路上行驶，但是周边车辆和人员众多，路况较矿区而言更为复杂，稍有不慎，就会有人员伤亡。对于复杂的地理环境和交通情况来说，无人驾驶迎来的挑战是巨大的，不但需要在高楼、隧道、高架桥、弯路、山路等复杂路况保持无人驾驶状态下汽车的稳定性，更要保证在车内的驾驶员和乘客都能够感受到比人工驾驶更舒适的体验，最重要的是安全性能必须要超过或者持平于人工驾驶的情况。不过，再复杂的场景也需要通过技术突破来逐渐完成。2021年2月，上海市开通了浦东25路，成为中国首条无人驾驶公交线路，实现了 L4 级别的全自动运行。根据《北京日报》的报道，2023 年，自动驾驶企业文远知行获得北京市智能网联汽车政策先行区乘用车"车内无人、车外远程"出行服务商业化试点通知书，获准在北京亦庄开展"车内无人"自动驾驶出行服务（Robo taxi）收费。据介绍，文远知行全无人自动驾驶出行服务车辆的服务范围囊括北京经济开发区核心地铁站、住宅小区、重点商圈、大型办公园区、先进制造企业等热门目的地，共计 242 个上下车站点，支持 1 至 3 名乘客共同体验，服务时间为早 9 时到晚 5 时。

无人驾驶并非单一作战系统，还有上下游高科技企业，比如北斗、GPS 等卫星导航企业。再比如安装了无人驾驶系统前装或者后装的智能网联汽车，还需要有传感器、人工智能、车路协同、云计算等技术支持。由此带来的产业集群将是巨大的，据 iiMedia Research（艾媒咨询）数据显示，在 2015—2026 年中国无人驾驶汽车行业市场规模及预测中，2022 年中国无人驾驶汽车行业市场规模为 100.4 亿元，预计 2026 年达到 391.2 亿元（见图 9-2）。

不过，随着智能网联汽车的普及，软件系统带来的驾驶隐患日益突显，正如电影《速度与激情 8》因为被外部黑客控制的智能网联汽车从高楼停车场坠落，引发大量的事故，便是对自动驾驶技术危险最佳的诠释。对于技术而言，把它用在好的方面还是坏的方面在于使用人的好恶，古人经常讲刀能够杀人也

注：数据来源于iiMedia Research（艾媒咨询）。

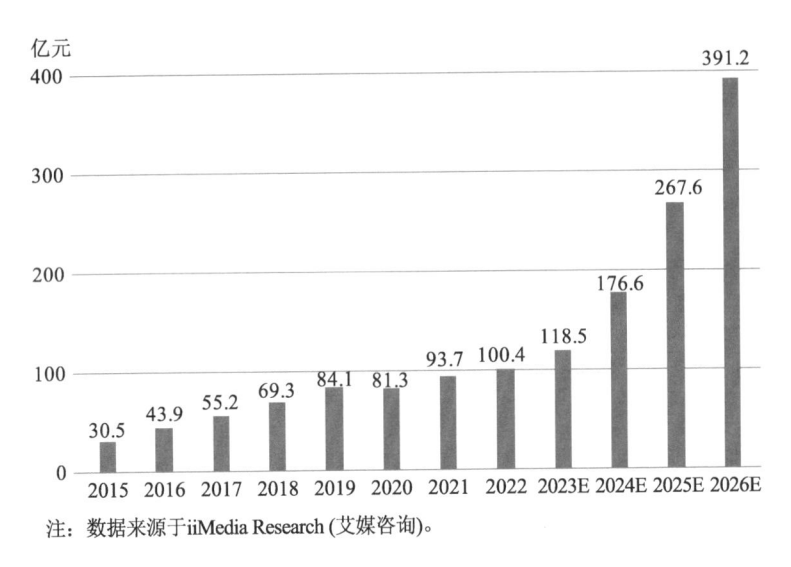

图9-2　2015—2026年中国无人驾驶汽车行业市场规模及预测

能够救人，到底刀作为工具能否代表人心所向？不管怎么说，无人驾驶对重塑生命质量和生产效率而言都是长足的进步，也是代表了科技提升代步工具层次的重要工具。

勇往直前迎接机器人时代

国际上有舆论认为，机器人是"制造业皇冠顶端的明珠"，其研发、制造、应用是衡量一个国家科技创新和高端制造业水平的重要标志。因此,按照现在的发展态势,机器人已经准备发力应用到许多细分领域了,工业制造、智慧农业、航空航天、深海探索、医疗卫生、国防安全、教育服务等重要行业均有涉及。机器人产业环节上主要包括技术研发、生产制造、应用推广、技术升级等方面。一直以来,我国极其重视机器人的研发和应用,各地都把机器人作为未来科技的发力点。未来,机器人会逐渐走进人类的生活,成为类似汽车、手机等终端产品。它们都是集大批前沿技术于一身的产品,无论是工业机器人、服务机器人,还是特别火爆的人形机器人,都在寻找更多的应用场景,都在精进服务数据和改进理念。反过来说,更多的传统应用场景被人力成本、良率等的提升天花板倒逼着希望行业提升科技化,用机器人来替代日益高昂的人工成本和越来越难招的技术工人。

我国需要孵化出更多的机器人科技公司,必须要在产业引导基金上发力,引导产业向国家和市场需要的地方发展,这也是为了应对国际上对机器人技术研发投入逐步增大的措施,避免在机器人领域出现因缺乏专利技术而导致"卡脖子"的情况。因此,2023年8月16日,北京市经济和信息化局印发的《北京市促进机器人产业创新发展的若干措施》提出:设立100亿元规模的机器人产业基金,首期规模不低于20亿元,支持创新团队孵化、技术成果转化、企业并购重组和发展壮大;组织实施

"挂牌倍增计划",为机器人企业做好上市服务,对进入北京"专精特新"专板、全国中小企业股份转让系统和上市的优质企业予以奖励;支持机器人"专精特新"企业快速申报北交所,提高发行上市审核效率。北京作为首都,此举对全国战略新兴产业指导性意义重大。

据统计,2022年,我国工业机器人的年安装量在过去10年增长了11倍,稳居全球第一大工业机器人市场。笔者曾经考察过一个工业机器人项目,主要产品之一是酿酒踩曲机器人。众所周知,一些知名的酿酒厂都是把女生踩酒曲作为人工参与度较高的卖点,就像奢侈品牌的皮鞋、手表、汽车都宣传自己的皮具工艺是人工一针一线缝出来的,保持每个产品都是世界上独一无二的惯例。踩曲的概念也是符合宣传规律的,但是踩曲并非易事,首先选人要选体重100斤以内的女性,由于不能开空调,无论冬夏都需要光脚踩,故不能长时间劳动,因为会对腰部背部肌肉有一定的损伤,工作环境还可能带来一些职业病。现在很多年轻女性已经不会选择这类职业,导致招人越来越难。踩曲仿生机器人根据大数据编辑了完整的算法,可以24小时不间断地按照人工踩曲的要求来工作。这样总体算下来不但可以节省人工成本,还能够踩出质量更高的曲。因为曲的原材料是一样的,但是高品质高价格的酒的生产在很大程度上取决于踩曲的质量,所以提高了曲的质量,就等于创造了更高的经济效益。赤水河畔的酒厂由于地理位置或者菌群的原因，很难进行大规模扩张，因此采用踩曲仿生机器人替代传统人工，以获得更高的收益，是另一个重要原因。

除了仿生工业机器人之外，人形机器人作为各大科技巨头纷纷下场制造的典范，其技术关键性和场景广泛性引起了我国政府的重视。为此，2023年，工业和信息化部下发了《人形机器人创新发展指导意见》，部署了五个方面的任务：在关键技术突破方面，打造人形机器人"大脑"和"小脑"、突破"肢体"关键技术、健全技术创新体系。在产品培育方面，打造整机产品、夯实基础部组件、推动软件创新。在场景拓展方面，服务特种领域需求、打造制造业典型场景、加快民生及重点行业推广。在生态营造方面，培育优质企业、完善创新载体和开源环境、推动产业集聚发展。在支撑能力方面，健全产业标准体系、提升检验检测和中试验证能力、加强安全治理能力。在五个任务中，首先要有产品才能够找到应用场景，所以《人形机器人创新发展指导意见》提出来，在培育重点产品方面，需要把打造整机产品、夯实基础部组件、推动软件创新作为主要发力方向。在整机产品方面，打造基础版整机，构筑人形机器人通用整机平台，开发低成本交互型、高精度型以及极端环境下高可靠型等人形机器人整机产品，强化人形机器人整机的批量化生产制造能力；在基础部组件方面，开发人形机器人专用传感器、高功率密度执行器、专用芯片，以及高能效专用动力组件；在软件创新方面，构建人形机器人高实时、高可靠、高智能的专用操作系统，开发面向各类场景的应用软件，建设完善人形机器人应用开发平台和工具包。

越对行业深入了解，越能发现有非常多的应用场景可以提供给机器人来操作。根据 FleetMon 统计，全球船舶数量在 50 万艘左右；根据交通运输部发布的《2022 年交通运输行业发展统计公报》，2022 年末全国拥有水上运输船舶 12.19 万艘，净载重量 2.98 亿吨。笔者考察过一家水下机器人公司，认为水下机器人业务是一条市场容量巨大的赛道，L 公司的主营业务是船舶表面清洗和海工装备水下资产的维护与保养，具体表现为设备检测、探伤以及船底藤壶等海洋生物和附着物的清理、粉碎、灭活，目的就是提升船速，减少油耗，增加海工装备和船舶的使用寿命，同时保护海洋环境，避免我国海洋受到外来物种入侵。就船舶来讲，据统计，有一定量海洋生物附着的船舶，行驶速度会降低 10% 以上，大大增加了运输成本。第三方调查机构 Safinah Group（萨芬纳集团）曾对 2015—2019 年间 249 艘船舶上坞数据进行跟踪分析，结果显示，超过 62% 的航运船舶水下存在超 1 000 平方米的藤壶覆盖。研究表明，船舶污底覆盖率达到 10% 时，船速 15 节的船舶维持航速需增加 36% 的额外动力；污底覆盖率达到 48% 时，维持航速需额外增加的动力最大值达到 57%。因此，定期对船舶进行清洗属于刚需状态，军方船舶清洗所用的主要有美国雷神公司的 Greensea Robotic Hull Cleaner；商用船舶清洗公司主要有挪威的 Hullwiper 和 CleanHull，以及瑞典的 HullSkater，市场比较集中，其余的均为人工清洗。由于"蛙人"对船舶的清洗工作效率并不高，每人每天不超过 3 小时水下工作，另外在低温、大风、大浪、急流、深水等工况下无法作业，还有比如无法在装卸货物的同时进行清洗，也很难把附着物清洗干净，物理刮擦方式还可能造成船底漆面损伤。与此相比，水下机器人作业通过摄像头可以全程观测，保证客户能够看到清洗质量，在充电后可以进行 8 小时不间断作业，还能够通过超柔的清洗技术避免伤漆，在非极端环境下也可以坚持作业，同时不考虑水深问题，能够清洗全面。"工欲善其事，必先利其器"，从整体效果来看，水下机器人带来的是海运水运和港口吞吐能力的大幅提升，进而体现智慧船舶和智能港口的效率。

2022 年 8 月 17 日，习近平总书记在沈阳新松机器人自动化股份有限公司考察时强调："要时不我待推进科技自立自强，只争朝夕突破'卡脖子'问题，努力把关键核心技术和装备制造业掌握在我们自己手里。"国家对机器人产业寄予厚望，不但在政策和金融方面给予支持，而且还积极帮助企业发掘应用场景，鼓励传统产业通过机器人的介入实现效率大幅提升，全面实现转型升级。我们经常说技术创新迭代，因为在一个新兴领域必然会有多个实验室团队做研究，可能技术路线并不相同，但是在使用用途上殊途同归，在一定时期内的创新可能对方领先于本团队，后期在各个技术里程碑突破时又可能会发现这条技术路线的瓶颈难以突破，或者在突破之后发现无法达到最高效率。这时候另外一条技术路线会脱颖而出，后来居上。对于科学家而言，不断地实验验证理论正确与否，最终理论结合实际做出提炼；对于企业来说，不断试错找到能够切实解决问题的技术方案，拿出产品来推向市场，增强造血能力；对于国家来说，允许各个团队尽职免责，也能够容错，对科学发展的包容才是能够让科技之花盛开的态度。

芯片功能化革新永葆科技最前沿

现如今，芯片已经成为全国人民耳熟能详的名词了，但是依然有不少人对芯片的组成感到困惑。简单普及一下，芯片（chip）就是半导体元件产品的统称，是集成电路（integrated circuit）的载体，集成电路按照产品种类主要分为逻辑器件、模拟器件、微处理器、存储器四大类，所以集成电路也通常统称为芯片，它们是由晶圆分割而成的。芯片在数字经济作为"第四次工业革命"的发展中极其重要，人工智能、云计算、大数据、机器人、大模型等各个领域的应用都离不开系统级芯片的支持，我们日常使用的计算机、手机、平板电脑、智能穿戴设备、汽车电子，以及工业控制等设备，都是离不开芯片的产品。可想而知，一旦芯片的研发和供应出现问题，就会导致大规模产品停止生产，相关企业因此倒闭，造成社会恐慌。芯片的存储功能提升、能耗率下降、计算机处理速度提升等都能够给现有产品带来指数级性能增长，因此也为未来的虚拟现实、人工智能、算力底座大发展埋下了发展伏笔，对经济发展、国家安全都具有重大意义。

正因为芯片在经济发展中处于核心地位，2022年8月9日，美国总统拜登签署了《芯片与科学法案》，意味着"芯片战争"真正开打。2023年9月22日，美国商务部发布了实施《芯片与科学法案》国家安全保护措施的最终规则。《芯片与科学法案》旨在吸引对美国国内半导体制造的投资，提高美国半导体行业的竞争力和创新能力，最终将全球核心的半导体生态系统搬回美国，以此来减少未来半导体相关供应链中断带来的不良影响。《芯片与科学法案》发布后一周年，2023年8月9日，拜登发表声明指出："在我签署该法案后的一年里，各公司已宣布投入超过1660亿美元，使半导体制造业重返美国。从俄亥俄州到亚利桑那州、得克萨斯州和纽约州，这些投资在全国各地的社区创造了就业机会。而且，仅在2022年，至少有50所社区学院宣布了新计划或扩大计划，以帮助美国工人获得半导体行业的高薪工作。"据凤凰网财经报道，这项被美国官方称为"国家先进封装制造计划"的首笔研发投资在美国东部时间2023年11月20日宣布，美国政府将投入大约30亿美元，专门资助美国的芯片封装行业。然而，知易行难，芯片也作为一门生意，投入产出比是必须要考虑的重点，高盛研究部（Goldman Sachs Research）的数据显示，在美国建造半导体工厂的成本比在中国台湾地区（先进计算机芯片制造业全球领先）高出44%。这也成为对半导体项目回流造成实质性障碍的因素之一。

　　国与国之间的竞争是可以为了本国利益不择手段的，推出损人利己的法案和政策并非难事。美国凭借其在全球国家、企业和人才中的影响力，颁布的法案自然也会给许多国家带来损失。然而，美国对此并不在意，拜登他们所关心的只是本国的经济增长。别的国家实力被削减，正是他们喜闻乐见的。这种现象还会持续，英国前首相丘吉尔说的"国与国之间，没有永远的朋友和敌人，只有永远的利益"，这种利益也可能是共生共成长的利益合作，也可能是相爱相杀的利益竞争。对国内的民众和企业而言，这些法案和政策的颁布施行是有益的，对于其他国家的主体来说，这些法案和政策可能就是致命的毒药。

芯片的重要性不言而喻，想要改变现状，必须以国家力量为引领，华为等领军企业组成研发方阵，金融机构给予融资支持，科研院所和海外归国人才给予人员支持，全方位行动起来才能打赢这场硬仗。

在国家和地方政策方面，2014年6月份国务院发布的《国家集成电路产业发展推进纲要》提出："到2030年，集成电路产业链主要环节达到国际先进水平，一批企业进入国际第一梯队，构建'芯片—软件—整机—系统—信息服务'产业链"的目标。2020年8月4日，国务院出台《新时期促进集成电路产业和软件产业高质量发展的若干政策》，制定了财税、投融资、研究开发、进出口、人才、知识产权、市场应用、国际合作八个方面的政策措施。华为等厂商被"卡脖子"之后，手机的生产都成了新问题，引发了我国对芯片前所未有的重视。2023年9月，财政部等四部门联合发布了《关于提高集成电路和工业母机企业研发费用加计扣除比例的公告》，明确提高集成电路和工业母机企业研发费用加计扣除比例，以进一步鼓励企业研发创新，促进集成电路产业和工业母机产业高质量发展。

在产业领军和集群方面，2023年华为Mate60Pro成功打破美国芯片封锁限制，率先采用了自主研发的麒麟9000s芯片。与此同时，阿里、小米、格力等芯片用户，还有一大批想要转型的房地产建筑企业以及现金流较好的食品流通企业都跨界转型至芯片制造相关领域。蔚为大观的"造芯潮"也说明了大家看到了芯片短缺带来的市场投资机会,想要通过时代造就的"暂停键"改变自己的行业属性,寻找更适合自己的主营业务,最终完成企业的升级转型。在笔者看来,这是好事,可以吸引大量社会资本涌入芯片行业。然而,我们也要谨慎看待,尽管跨行业出资是可以的,甚至说企业管理方面也不存在太大障碍,但关键在于技术研发人员的培养和芯片行业漫长的回报周期,可能会给原有行业短平快赚到钱的企业家造成沉痛打击。如果长期投入而不能在应用领域将产出换成资金,不具备造血功能的话,最后,跨界而入的"搅局者们"有可能折戟沉沙。

在金融机构支持方面,这里需要重点提一下国家级基金的战略投资定位。2014 年 9 月,为了支持我国集成电路产业发展,国家集成电路产业投资基金股份有限公司(简称"大基金一期")正式成立,大基金一期注册资金 987.2 亿元,投资规模 1 387.2 亿元;主要股东是财政部、国开金融、中国移动、紫光通信、亦庄国投、中国烟草、上海国盛、中国电科等,基金要素包括投资期、回收期、延展期,每期均为 5 年,总期限为 15 年。据公开数据显示,截至 2015 年 12 月底,大基金一期累计投资为 28 个项目,总投资签约额度为 426 亿元,实际投资为 262 亿元。其在集成电路制造、设计、封装测试、装备和材料等各环节承诺投资总额的比重,分别达到 45%、38%、11%、3%

和3%。2019年10月，国家集成电路产业投资基金二期股份有限公司（简称"大基金二期"）宣告成立，注册资本为2041.5亿元，资金来源更加多样和市场化，囊括央企、地方国资和民企在内的共计27名股东；大基金二期成立后屡次以首发、战略配售、定增等方式出现在优质集成电路企业投资者名单中。大基金一期和二期，主要对包括集成电路设计、晶圆制造、封装测试、装备材料在内的半导体产业链进行了投资。其中，华芯投资是发起人之一，也是大基金唯一管理人以及大基金二期的管理人之一。对于集成电路企业，银行、保险、金融租赁等金融机构都在国家的号召下，进行了不同程度的扶持。

在人才培养方面，华为的主心骨任正非先生曾经在公开媒体上表示，要想在芯片半导体领域内实现突破，光靠砸钱是不行的，还要投入数学家、物理学家等人才资源。我国人才的培训需要有强大的基础学科知识，也需要有针对应用进行研发的学习能力和技术实力。为了加强产学研合作，可以在科研院所、知名大学与相关科技企业设立相关学科联合实验室，让院士等学科带头人在分析企业发展需求后，通过带队实验的形式，提高企业研发团队和学生们的研发能力。一方面，可以保证芯片研发不与市场脱节，而不仅仅局限于流片（集成电路设计术语，指"试生产"）后发表论文的层面；另一方面，也能够为相关专业的同学早日步入社会提供不错的就业机会，为企业输送优秀人才。同时，笔者认为芯片各个产业链都可以灵活聘用包括芯片类诺贝尔奖获得者在内的国外先进科技人员，也可以以外包委托的形式进行开发。只要是对我国的芯片产业有利的举措，就可以尝试。

英特尔创始人之一戈登·摩尔提出的"摩尔定律"在集成电路行业是通识，它并非真的是数学意义上的定理，主要是揭示了信息技术进步的速度。他认为集成电路上面可以容纳的晶体管数目大约每经过18个月到24个月就会增加一倍。也就是说，假设处理器的性能可以在每两年翻一倍，同时价格下降为之前的一半。我国需要打破芯片的技术壁垒，任重而道远。假设能够奋起直追，不但加大资金投入，还要积极引进和培养人才，在实践中找到颠覆性的途径，弯道超车也将指日可待。

第十章

均衡发展：粮食安全与健康中国

医疗和健康是分不开的，要想不得病就需要积极锻炼来提升免疫力，预防疾病；一旦得病，就必须发展医疗科技，培养优秀的医疗人才，让全民都能够享受到医保的福利，防止因病致贫、因病返贫的现象发生。

从另外一个角度而言，共同健康等于共同富裕，只有身体和心理都健康的人，才会表现出正常的对社会有益的行为，但凡其中有一项不健康，都可能给社会带来不同程度的危害。所谓的稳定跟人民的健康也息息相关，文明社会的标志不是能够保证人人健康，而是保证每个人都有能够健康和恢复健康的机会。

打造体育强国、提高国民身体素质是最好的投资

"人口红利"其实是依托人民的身体健康而生的。我们不能依靠人们生病住院或者身体发生问题来拉动经济增长，在健康人群中产生增量才是经济复苏的发力点。要想健康就要健身，全面健身变成了国家战略。新修订的《中华人民共和国体育法》提出："国家实施全民健身战略，构建全民健身公共服务体系，鼓励和支持公民参加健身活动，促进全民健身与全民健康深度融合。""国家推行全民健身计划，制定和实施体育锻炼标准，定期开展公民体质监测和全民健身活动状况调查，开展科学健身指导工作。"从 2014 年全民健身正式成为国家战略，到 2016

年推行《"健康中国2030"规划纲要》,再到2019年实施《体育强国建设纲要》,以及2021年发布《全民健身计划(2021—2025年)》,都体现了我国坚持打造体育强国,逐步提高国民身体素质的决心和信心。

党的二十大报告将"建成健康中国"作为到2035年我国发展的总体目标之一,强调了人民健康是民族昌盛和国家强盛的重要标志,把保障人民健康放在优先发展的战略位置,完善人民健康促进政策。国家卫生健康委发布的《健康中国行动(2019—2030年)》提出了建设健康中国的四条路径。

(1)普及健康知识。把提升健康素养作为增进全民健康的前提,根据不同人群特点有针对性地加强健康教育与促进,让健康知识、行为和技能成为全民普遍具备的素质和能力,实现健康素养人人有。

(2)参与健康行动。倡导每个人是自己健康第一责任人的理念,激发居民热爱健康、追求健康的热情,养成符合自身和家庭特点的健康生活方式,合理膳食、科学运动、戒烟限酒、心理平衡,实现健康生活少生病。

(3)提供健康服务。推动健康服务供给侧结构性改革,完善防治策略、制度安排和保障政策,加强医疗保障政策与公共卫生政策衔接,提供系统连续的预防、治疗、康复、健康促进一体化服务,提升健康服务的公平性、可及性、有效性,实现早诊早治早康复。

（4）延长健康寿命。强化跨部门协作，鼓励和引导单位、社区、家庭、居民个人行动起来，对主要健康问题及影响因素采取有效干预，形成政府积极主导、社会广泛参与、个人自主自律的良好局面，持续提高健康预期寿命。

健身和健康一定意义上是需要通过体育活动来实现的。2020年9月22日，习近平总书记在教育文化卫生体育领域专家代表座谈会上讲话时指出："体育是提高人民健康水平的重要途径，是满足人民群众对美好生活向往、促进人的全面发展的重要手段，是促进经济社会发展的重要动力，是展示国家文化软实力的重要平台。"

全民健身不是说说就算了，而是需要成体系地进行制度建设，并确保其得到有效的施行。对青少年而言。高考无疑是决定未来前途的重要一环，因而学校里大量的体育课被文化课占用。现在不少学校在考核升学率这个KPI的时候走偏了，并没有做到"德智体美劳"全方位综合素质教育，只是注重文化课，忽略了能够提高学生身体素质的体育课教学。从2023年1月1日起，体育正式被纳入高考必考科目。在新修订的《体育法》中，对此进行了明确规定：国家将体育科目纳入初中、高中学业水平考试范围，建立符合学科特点的考核机制。2023年，已经有北京、贵州、福建、广东、江苏等多省均发布明确通知，体育纳入高中学业水平合格性考试。这等于是给学校在升学率KPI之下做了新的分解，体育教学必然成为重点的学科，也同时打破了学校或者家长怕孩子在体育活动中出现意外的偏见。这样对全面提升青少年身体素质，锻炼出强健的体魄起到了真正的约束督促作用，提高青少年的心肺功能和专注力、肌肉协调能力；同时，青少年还能在体育锻炼中形成坚强的意志力和好胜心，能够全方位地为自身赋能。

某N科技公司，主要做体育训练器材，已经研发出了乒乓球、网球智能发球器，开始的时候面向的是专业运动员市场。对于此类小众消费市场的科技公司，市场化股权投资机构是不太感兴趣的。但正是因为体育被纳入高考必考科目，迅速将受众扩大了。2023年，上海中考体育项目中新加入乒乓球、羽毛球、网球和武术四项可选项目（见表10-1）。因此，整个市场天花板开始迅速拉升，变成了百亿元级的市场。该公司也属于在政策红利下"躺赢"的一批企业，投资者纷至沓来考察，估值也是水涨船高。

表10-1　上海中考体育统一考试四大类可选项目

第一类项目 （6分）	男生：1 000米跑、200米游泳、4分钟跳绳（三选一） 女生：800米跑、200米游泳、4分钟跳绳（三选一）
第二类项目 （3分）	男生：50米跑、立定跳远、实心球、引体向上、25米游泳（五选一） 女生：50米跑、立定跳远、实心球、仰卧起坐、25米游泳（五选一）

(续表)

第三类项目 （3 分）	男生/女生：乒乓球、羽毛球、网球、武术、体操（五选一）
第四类项目 （3 分）	男生/女生：足球、篮球、排球（三选一）

注：每名考生必须参加全部四类项目的考试。可在上述各类项目中各选择一个自己擅长的项目作为考试项目，项目一经选定后，不得更改。如选择体操项目，须选择垫上运动、单杠、双杠、支撑跳跃（横箱分腿腾越）中的两项。

要想健康，除了自身主动的体育锻炼之外，还需要完备的体育设施，这样才有器械和场所供人们锻炼，让锻炼成为每个人在日常生活中随手便能做的事情。中共中央、国务院印发的《"健康中国2030"规划纲要》提出，到2030年，基本建成县、乡、村三级公共体育设施网络，人均体育场地面积不低于2.3平方米，在城镇社区实现15分钟健身圈全覆盖。确保学生校内每天体育活动时间不少于1小时，到2030年，学校体育场地设施与器材配置达标率达到100%。以上海为例，2024年1月1日起实施的《上海市体育发展条例》规定，公共体育设施向社会开放，无需增加投入或者提供专门服务的，应当免费开放；需要增加投入或者提供专门服务的，可以根据运营成本适当收费。同时明确，公共体育场馆应当主要用于开展体育活动；对于可以出租的附属部分，其租用者提供的服务项目应当与健身、赛事等体育活动相关，且不得影响场馆主体部分的功能、用途。

因地制宜发展体育公园，推动其免费开放；同时合理利用高架桥下、闲置地、楼顶空间等场地资源建设公共体育设施。各地都有了相关规定，为体育锻炼提供良好的硬件设施和软件服务，给体育强国营造良好的氛围，打造有利的条件。

另外，健康中国除了要求身体健康之外，还需要做到心理健康。经济形势下滑，工作压力变大，生活消费水平下降，都会让人们在心理上产生不良反应。心理如果不健康，给社会带来的危害会更大，对家庭和朋友都会造成伤害。最常见的就是因为情绪压力和家庭亲子关系而导致的抑郁症，其中很多社会知名人士，也是抑郁症患者。据统计，全球抑郁症患者已达3.4亿。中国精神卫生调查显示，我国成人抑郁障碍终生患病率为6.8%，其中抑郁症为3.4%。截至2022年年底，我国抑郁症患者人数达到9 500万，每年因为抑郁症发作而自杀的大约有11万人。心理健康不分年龄段，学生可能因为课业而抑郁，老人可能因为经济情况、身体情况而抑郁。发生这种情况，一方面个人需要自己进行自我调节，另一方面也需要寻求相应的心理咨询老师进行疏导。情况严重的就需要进入专科医院接受治疗了。只有人人都能够意识到心理健康的重要性，做到情绪稳定、认知合理、相互支持、相互理解，才能真正实现和谐社会。

全民健身促成的健康中国还需要有外部良好的生态环境做保障。假设在污染严重的环境下锻炼身体，百害而无一利。我国在生态环境给人民健康水平的监测上早就制定了相关规划。在生态环境部公布的 2022 年中国居民环境健康素养监测结果中显示：我国居民环境健康素养水平从 2018 年的 12.5% 提升至 2022 年的 18.8%。《健康中国行动（2019—2030 年）》提出的 "2022 年提升至 15% 及以上"已经超额完成，正朝着 "2030 年提升至 25% 及以上"的目标迈进。大家经常说"爱护环境，人人有责"，人们对空气污染、水污染、土壤污染、核辐射、气候变暖、海洋污染等问题已经普遍有了意识，明白地球是人类居住的环境，需要大家来爱护，这也是国民素质提升的表现。

投资带来高质量医疗服务、医疗资源扩容和区域均衡发展

2021 年 3 月 6 日，习近平总书记在看望参加全国政协十三届四次会议的医药卫生界、教育界委员时强调，要把保障人民健康放在优先发展的战略位置，坚持基本医疗卫生事业的公益性，聚焦影响人民健康的重大疾病和主要问题，加快实施健康中国行动，织牢国家公共卫生防护网，推动公立医院高质量发展，为人民提供全方位全周期健康服务。国内医疗资源不足和

配置不均衡现象由来已久，优秀的医疗从业人员、优质的医疗设备和先进的医院管理模式基本上分布在大型和超大型城市，想要迅速改变现状是不可能的，需要循序渐进。目前，分级诊疗的推行和社会资本的市场涌入让优质医疗资源出现了逐步下沉和扩张的趋势。分级诊疗被列为"十三五"期间深化医改重中之重，国家出台《"十三五"卫生与健康规划》，明确要求到2017年85%以上地市依靠远程信息技术开展分级诊疗试点，实现"大病不出县，小病不出乡"。

2015年，国务院办公厅印发的《关于推进分级诊疗制度建设的指导意见》成为建立分级诊疗制度的总纲领。所谓分级诊疗，就是按照患者疾病的轻、重、缓、急以及对症治疗的难易程度，最佳配置是由不同级别和服务水平的医疗机构和医生对其进行治疗，同时可以按照病人病情及时便捷地向不同级别医院的"上转、下转和回转"的双向转诊，由此便可以形成科学有序的分级诊疗秩序，确保适当的病人得到适宜的治疗。据统计，2022年双向转诊达到2 984.7万人次，双向转诊结构得到优化，在全社会形成医疗上"小病进社区、大病进医院"的有序就医格局。

分级诊疗制度带来的好处显而易见：首先，能够缓解大城市、超大型城市医疗资源紧张而患者众多的现象，避免患者在得不到及时治疗的情况下出现病情恶化等不良反应。通过疏导患者，减少城市的当地居民就医难现象，提升当地居民的生活质量。其次，作为二、三线城市的居民，能够通过远程诊疗、大城市医生轮流基层诊断、双向转诊等方式，减少出现当地医生误诊导致的医疗事故及发生生命危险等现象，也能够减少去大城市就诊的费用支出。再次，通过医疗数据的沉淀和优秀医疗工作者带动二、三、四线医疗工作者坐诊学习，可以提升基层医疗工作者的医疗诊断水平。最后，在本质上，分级诊疗制度是为了依托现有的医疗体系，为居民提供高质量、多元化、个性化的医疗服务，通过缩短就医行程来降低就医时间和资金成本，及时为居民解决病痛问题。

2023年9月，中共中央办公厅、国务院办公厅联合发布的《关于进一步完善医疗卫生服务体系的意见》提出："发展壮大医疗卫生队伍，把工作重点放在农村和社区。加大基层、边远地区和紧缺专业人才培养扶持力度，缩小城乡、地区、专业之间人才配置差距。""结合新型城镇化、人口老龄化发展趋势，合理布局各级各类医疗卫生机构，明确功能定位。在城市地区网格化布局由市级医院、区级医院、社区卫生服务机构、护理院、专业康复机构、安宁疗护机构等组成的医疗联合体。"可见，一再被国家政策关注和明确的分级诊疗，已经成为实质性、广泛性推进的最重要的制度之一。

除了在国内施行分级诊疗能够带来的实质性好处外，也要重视资本对医疗资源的扩张和区域均衡发展作出的突出贡献。2015年8月，国务院印发《关于改革药品医疗器械审评审批制度的意见》，开放性地推动了中国医疗的重大改革。2018年，香港交易所推出了18A新政，简单来说就是允许未有收入、未有利润的生物科技公司提交上市申请，促进国内生物制药企业申报港股IPO，由此也掀起了投资人在一、二级资本市场疯抢生物制药企业融资份额的热潮。根据港交所18A的要求，生物医药类公司在申请上市时的市场估值至少达到15亿港元，同时其运营资金足可应付集团由上市文件刊发日期起至少12个月所需开支的至少125%。根据相关规定，通过18A上市的公司，当其满足年收入大于5亿港元、市值大于40亿港元的条件后，可申请摘"B"，摘"B"的意思代表该"A"公司的盈利能力、商业化能力、收入规模、技术实力等已经初步得到了资本市场的验证。

世界各国都非常重视生物医药和医疗健康产业的发展，大力支持药企研发各种新药，鼓励企业在医疗健康和养老等领域发力，以尽量满足民众的各种需求。这也吸引了社会资本对医疗健康产业的积极投资，包括医疗上市公司、地方国资、保险公司、地产公司、财务投资者等。举个例子，大批医药企业在上市之后也纷纷成立CVC产业资本，将投资和产业紧密结合起来。并购作为规模增长最佳的捷径，被国内上市公司药明康德等龙头药企玩得得心应手，类似华润医药、国药控股、新里程、中国通用等央企医疗巨头也都纷纷成立了管理规模较大的产业基金。CVC 的诉求无非包括几项：一是通过投资并购打造新的盈利增长点，形成新的产品"护城河"，能够保证上市公司维持收入和利润的双增长，同时能够通过并购吸收更多的新生人才力量进入集团，集团与其签订严苛的竞业禁止协议，通过资本和法律共同保障稀缺人才在本公司的稳定性。二是通过成熟的人员管理、技术研发、渠道丰满、财务宽裕等优势，帮助新兴的尾部创新企业加快研发脚步，将新产品投入市场，被投企业也乐意接受行业龙头对其的帮助。通过股份和协议来促进新兴公司的发展，也能够防止被同类竞品公司超越，避免公司因现金流紧张而失去活力甚至破产。三是 CVC 对上市公司的作用不仅仅是带来市值管理的优化，还能够增加财务报表中的投资收益，使得上市公司的报表能够更加均衡乐观，也能够增强其在行业的影响力。

笔者曾经协助某大型医疗集团设立 CVC，由于各自所处集团的程序庞杂，且涉及相关 LP 较多，各个 LP 多次就协议诉求和分润比例上进行商务谈判，最终确定的原则是，以某大型医疗集团为主导，团队由社会化招聘和医疗集团内部调配的人员为主构成。虽然没能够突破国企团队持股的瓶颈，但是在未来分 Carry（套利）的时候，可以在一定范围内对团队进行一定比例的奖励，这样也能规避员工持股的缺陷。此外，作为 LP 可以在 GP 中享有权益，但是没有一票否决权，充分尊重团队的专业性和医疗集团的产业链赋能作用。基于医疗集团的市场地位，大批的相关上下游医疗公司都愿意引入其作为战略投资者，作为 LP 也获得了相应的跟投权，利用医疗集团的社会影响力，拿到了位于市场头部的优质标的。

上述投资人对医疗健康行业的重视带来了医疗资源的迅速扩容，包括自身孵化的医疗企业，也包括从海外引入的先进技术和收购的优秀企业。2016 年 5 月 30 日，习近平总书记在全国科技创新大会、两院院士大会、中国科协第九次全国代表大会上的讲话中指出："高端医疗装备主要依靠进口，成为看病贵的主要原因之一。"已经在科创板上市的上海联影医疗科技股份有限公司（简称"联影医疗"）市值已经过千亿元，联影医疗的创始团队几乎是从西门子医疗剥离出来组建的，当然也有大批的技术和设备研发专利也随着团队的到来被带到了国内，并打赢了与西门子之间的知识产权官司。一举打破了过去计算机断层扫描仪（CT）、磁共振（MR）、X 射线（X-Ray）、分子影像（MI）、放疗（RT）等大型医疗设备由 G（美国通用电气公司，General Electric Company）、P（荷兰飞利浦电子，PHILIPS）、S（德国西门子股份公司 SIEMENS AG）垄断的局面，利用国际领先人才的优势和优于市场的激励机制，上海联影医疗在医疗设备领域正在超越 GPS，复制医疗界的"华为"优势。

当前，地方国资在医疗健康行业更愿意介入专科医院和康养企业的投资中来。中国地大物博，有大量的养老设施可以建在具备交通便利且拥有温泉等天然资源的地方，作为吸引大批老年人甚至中年人前往度假休闲养的理想之地。"商流、物流、人流、财流"都是地方政府渴望已久的形式，专科医院和医疗康养度假村之类的存在正好契合了地方的需求。通过高质量的场所吸引高端人群尽情游玩，不但能够通过收取高昂的养老费用来覆盖成本投入，更能够通过高薪聘请优质医疗工作者、增加优良的医疗设备来提升当地的医疗水平，这也是对医疗资源扩容和趋于平衡作出的贡献。

一直以来，综合性投资机构很难设立医疗健康投资部门，非医疗专业的投资人对医疗器械和医疗服务的商业模式和业态尚能理解，对生物制药类型的企业过投资决策委员会时如听天书。那么，作为投资机构的合伙人，假设对医疗业务一窍不通，又需要做出投资决策承担责任，就出现了"权责利"不匹配的现象，这也就很容易理解为什么综合性投资机构没办法设立医疗投资部门了。而作为垂类的医疗投资机构，需要有对医疗健康市场看好的 LP 信任团队的专业度，更需要对医药研发的长周期给予充分理解，假设在投资之后五年内仍然无法在资本市场退出，可能有的 LP 就坐不住了。无论是经济下滑给 LP 自身的主营业务带来现金流紧张的压力，还是因为国内 IPO 放缓给投资标的上市设置了障碍，医疗健康类创业者都面临着无法在与投资机构约定的对赌协议中完成上市计划，而不得不出让相应的股权或者对投资机构所占份额进行回购。医疗投资需要有真正的"长钱"，即愿意把资金押宝到一家企业身上，并且愿意陪着这家企业辛苦经营，若干年后才退出并收回投资的钱。

医疗资源是稀缺资源，想要每个居民都能够得到充分的医疗保障，得到高质量的医疗服务，就需要国家和社会资本的倾心投入。据统计，截至 2023 年年底，我国已经通过城镇居民医疗保险、职工医疗保险、新农合等各种保险，建立了一张覆盖全国 96.5% 的医疗保障网。除了国家和地方强制约束的医疗保险之外，企业和个人还可以通过商业保险、大病保险、慈善救助等逐步健全全国范围内的医疗保障体系，确保绝大多数人能够通过医保减轻医疗负担，防止因病致贫、因病返贫的现象发生。不过，虽然我国医保覆盖率已经如此之高，但是我国保障总体水平还远不到位，需要国家在经济强势腾飞之后，为每个公民带来更周全的保障。

粮食安全将带来绿色"新三农"投资机遇

国以民为本，民以食为天。按照最新数据统计，我国用占世界7%的耕地，养活了占世界17%的人口。党的二十大报告中，习近平总书记强调，"要全方位夯实粮食安全根基，牢牢守住十八亿亩耕地红线，确保中国人的饭碗牢牢端在自己手中"。1983年，联合国粮农组织提出粮食安全的目标为"确保所有的人在任何时候既能买得到又能买得起所需要的基本食品"。2023年12月29日，第十四届全国人大常委会第七次会议表决通过《中华人民共和国粮食安全保障法》，自2024年6月1日起施行。这项法规对粮食生产、储备、流通、加工、应急保障、粮食节约、粮食监管作出规范，成为粮食安全的"基本法"。除此之外，每年中央的一号文件都是围绕农业、农村、农民展开，由此可见，农业作为第一产业一直是我国最重视的产业。

习近平总书记指出，"现在讲粮食安全，实际上是食物安全"，强调要"树立大农业观、大食物观"。俗话讲"病从口入"，食物都是入口的，只有保证食物安全，才能够保障人民的身体健康。入口的食物不仅来自耕地，还来源于山河湖海、树林草地。因此，我们还需要在食品加工、仓储、运输等环节上严格要求，以确保食品的溯源工作。习近平总书记指出："虽然我国粮食生产连年丰收，但这就是一个紧平衡，而且紧平衡很可能是我国粮食安全的长期态势。我国耕地就那么多，潜力就那么大，在粮食问题上不可能长期出现高枕无忧的局面。"根据国家统计局发布的数据显示，2023年我国粮食生产实现了连续20年的大丰收，并创历史新高，全国粮食总产量13 908.2亿斤，比2022年增加177.6亿斤，增长1.3%，全年粮食产量连续9年稳定在1.3万亿斤以上。丰收不代表能够自给自足，海关总署公布的最新数据显示，2023年我国累计进口粮食16 196.4万吨，同比增长11.7%；粮食累计进口金额为5 780.5亿元人民币，同比增长6.6%。美国至今以来保持着全球最大的粮食出口国地位，掌控了全球一半以上的粮食市场。美国是世界第一大玉米出口国、第二大小麦出口国、第二大大豆出口国。由此可见，我们的粮食安全依然需要增加韧性，需要有很长的一段路要走。

见微知著，2021年，农业农村部及多个部委修订了《"菜篮子"市长负责制考核办法实施细则》，对蔬菜面积、蔬菜产量、肉类产量、水产品产量、批发市场规划布局、产地低温处理率、批发市场建设、零售网点建设、"菜篮子"产品质量安全监管、"菜篮子"产品质量安全水平、"菜篮子"追溯体系建设运行情况、"菜篮子"工程调控政策、"菜篮子"上涨幅度、"菜篮子"

产品储备制度建设、信息检测预警体系建设和信息发布能力、"菜篮子"工程体系建设、市民满意度等多个维度进行评分，真正做到了食品安全无小事，把保民生当成了各级主政官员的第一要务。从《"菜篮子"市长负责制考核办法实施细则》的颁布看得出来，从田间到餐桌的农产品转换并非易事，需要从相关各个行业着手，才能保证最后入口的食物安全水平。

粮以地为本，地由人劳作。农民作为在农村从事农业的人员，对耕地土壤情况、粮食产量和质量都非常熟稔，在粮食安全生产环节扮演着异常重要的角色。随着科技水平和人民消费水平的不断提升，"新三农"概念应运而生，"新三农"是指新农业、新农村、新农民。粮食安全的稳定性也随着"新三农"的概念提出和实际践行而越来越触手可及。新农业需要在几个方面下功夫，形成科技农业、生态农业、文化农业，这三种新提法新分类需要分开来看，交互结合起来去操作。科技农业不仅包括了育种行业的科学研发、大型农业机械设备的设计研制、高质量肥料和饲料的配制等，还包括了植保无人机、采摘机器人、激光除草机等新科技工具的研发和应用。生态农业提倡的理念是让农作物更多地依赖危害性低甚至无的农药进行杀虫除草，在经过环保处理过的优质土壤上培育，在后续农作物深加工过程中减少各种添加剂，最终作为可以溯源的绿色生态农产品摆上民众的餐桌。文化农业是基于我国老龄化社会的到来，在康养和旅游上做文章，让城市有兴趣的老年人在城市郊区或者农村寻找老有所依、老有所乐的愉悦感，可以与农家乐、农业旅游采摘相结合，提高农业的娱乐性，鼓励农商结合，增加农民收入。

新农村首先是在国家和地方财政的支持下，加强农村的公共基础设施建设，建设现代化乡镇村校舍，设立农村医疗工作站，实施村村通公路、建体育文化设施、旱厕改造工程、提供供水保障、互联网络基站全覆盖、电器电车下乡支持等，从硬件和软件上都逐渐缩小城乡居民差距，从而全面提高农民生活质量。

新农民在前文讲过的人口红利章节中有所提及，农村人口的教育水平提升不但提高了人口红利的质量，还让更多的农民敢于走出村落和大山，融入大城市的工作岗位中。据国家统计局数据显示，农村常住人口47 700万人，城镇人口比例同比上升。截至2021年年底，中国农民工总人数为29 251万人。农民工作为城镇化建设的主力军，平时与远在他乡的老乡交流通话或是每年回乡时，不断地更新村民们对世界的认知和感知，潜移默化地改变着农民对未来的憧憬，激发他们对生活的热爱，促使他们改变当下的行为方式。这些努力在一定程度上有助于缓解农村经济发展滞后、农民收入偏低的问题，让农民逐渐成为"人口红利"的代表。

有了国家层面的政策支持，大量的投资机会将涌现在"新三农"领域。在这里简单讲几个重要的细分行业，笔者考察过的采茶机器人、伐木机器人、采摘机器人、激光除草机器人等，都代表了农业现代化还远远没有进入终局，需要有大量的科技投入和实验，在广袤的第一产业（我国指农业、林业、牧业、渔业等），此类产业的投资可以得到丰厚的回报。种业作为科技含量较高的领域，是粮食安全最重要的一环，也是能够从根本上增加粮食产量的一环，"杂交水稻之父"、中国工程院院士、"共和国勋章"获得者袁隆平先生已经离我们而去，他带来的粮食产量革命依旧让全球人类受益。农村的基础设施改造也是各地民生重点项目，在保质保量完成，为5G通信网络类、建筑工程类和家用洁具、电器等类型公司的业绩增长提供了保障。

粮食安全是国家战略，国家需要花大力气来防止粮食成为大国之间博弈的工具，也要防止被粮食挟制丧失国家利益。笔者认为可以从几个方面来做：一是通过增加内生动力，加强沙漠、戈壁、荒山荒林等易改区域的整治，对城镇化导致的违章违建、划拨未建用地进行"还耕"，增加18亿亩红线的下限；二是通过科技手段，对水稻、小麦、大豆等基本粮食作物进行育种、养肥等革新，对水产品养殖、畜牧业养殖进行补贴和鼓励，增加"大食物"的结构安全度；三是通过对现代农业机械化种植和收割采摘，提升农业生产效率，避免出现农产品在一线时产生浪费现象；四是通过普及教育，对入口的食物存有敬畏之心，"谁知盘中餐，粒粒皆辛苦"，鼓励大家在餐厅、食堂、家中将"光盘行动"进行到底，从食物使用者终端来厉行节约，杜绝浪费。

粮食安全和"新三农"是相辅相成的，农业作为民生领域的首要行业，不但需要国家进一步加大投资力度，更需要社会资本潜心寻找投资机会，不管是为了温饱致富做生意，还是为了资产管理投资等待公司上市，"新三农"产业链条上必将涌现出数量众多、业绩出色、前景广阔的上市公司。只有投入的资金有回报，才有更多的人愿意躬身入局，以小我的成就来堆积成就大我，以一家的致富来攒集一国粮食的安全。

全国统一大市场促进消费与投资的良性循环发展

习近平总书记在《把握新发展阶段，贯彻新发展理念，构建新发展格局》一文中明确指出，"在正常情况下，如果经济循环顺畅，物质产品会增加，社会财富会积聚，人民福祉会增进，国家实力会增强，从而形成一个螺旋式上升的发展过程"。中央经济工作会议对扩大内需作出全面部署，明确指出，"要激发有潜能的消费，扩大有效益的投资，形成消费和投资相互促进的良性循环"。随着 2022 年 4 月 10 日《中共中央、国务院关于加快建设全国统一大市场的意见》的发布，市场迎来了新的机遇和发展方向。统一大市场的建设，无疑将进一步释放市场活力，促进经济的高质量发展。

统一大市场是国家下的一盘大棋，统一大市场的建成是"新质生产力"命题诞生并茁壮成长的坚实基础。"新质生产力"是指创新起主导作用，摆脱传统经济增长方式、生产力发展路径，具有高科技、高效能、高质量特征，符合新发展理念的先进生产力质态。它由技术革命性突破、生产要素创新性配置、产业深度转型升级而催生。以劳动者、劳动资料、劳动对象及其优化组合的跃升为基本内涵，以全要素生产率大幅提升为核心标志，特点是创新，关键在质优，本质是先进生产力。新质生产力的产生既需要大市场供需关系的公开、透明和平衡，也需要投资推动产业经济快速发展的不竭动力。

消费是拉动经济增长的"三驾马车"之一，无论在经济增速放缓时期还是在经济快速增长时期，消费都是现金流旺盛的领域。国家统计局数据显示，2022 年内需增长对经济增长的贡献率为 82.9%，其中最终消费支出对经济增长贡献率为 32.8%，而 2023 年最终消费支出对经济增长的贡献率达到了惊人的82.5%。在第二产业受到房地产和基建行业下滑等影响的情况下，以消费主战场的第三产业逐渐成为经济增长的新引擎。大消费领域的投资一直以来都是引人瞩目的，不过，国内资本市场对消费领域企业IPO设置了一定门槛，一方面强调科技在消费领域应用的企业是改变生活方式的根源，另一方面也对民生所需的衣食住行行业企业上市设置了限制，不利于消费领域企业通过直接融资快速发展。

从广义上来看，任何需要花钱去购买的产品或者服务都是消费的一份子，无论是房子、汽车，还是家用电器、服装鞋帽、粮油米面等。消费水平的提升根基是居民可支配收入的增加，绝对不是通过借债消费，无节制消费。投资作为另外一驾拉动经济增长的马车，在刺激经济和居民可支配收入增长的过程中起到了至关重要的作用，投资可以间接刺激消费，这是毋庸置疑的。据公开数据测算，我国的投资每增长10%，全要素生产率增速就能提高1.2%。消费品的升级换代是瞬息万变的，To C产品本身就是顾客"用脚投票"效应最明显的应用场景。要牢记，供需关系的渐进性，在市场经济时代，先模仿再创新也是一种常规的商业模式，在投资创新出新产品后，开始全渠道推广，并增加下一系列产品的研发投入。以销定产最终成为确定性最强的销售模式，但这种模式依赖于投资的厂家绝对的自信和市场前瞻性，否则在消费者口味转换的时候很容易折戟沉沙。

真正形成投资和消费良性循环是国家需要考虑的问题。投资需要有回报，需要讲投入产出比，在投资之初就需要对如何将投资收回、以什么方式收回并且盈利考虑周全。消费品投资分为两种：一种是投资之前未曾出现过的消费产品或服务，属于产品和商业模式创新范畴；另一种是投资已经存在的消费产品和服务，将成本降到比竞争对手更低，质量提升更符合消费者的要求。这两种投资都存在风险，在面临市场风向变化的时候，前一种方式风险更大。

笔者看来，可以从几个方面刺激消费。

首先，通过数字经济手段来刺激消费终端。通过短视频、网络等耳熟能详的传播方式，将各地方政府土特产品、地理标志产品广而告之，将"道地农产品"、药食同源进行到底，也可以通过数字化传播手段，发掘地方文旅特色和历史文化沉淀底蕴，创造性地发展类似"村BA""村超""哈尔滨冰雪大世界""淄博烧烤"等现象级内容，带火当地旅游经济的同时，也可以将当地的特色充分展示在数字化终端，让更多的国人了解不同区域文化特色。根据文化和旅游部数据中心测算，2024年元旦假期3天，全国国内旅游出游1.35亿人次，同比增长155.3%，实现国内旅游收入797.3亿元，同比增长200.7%。

其次，在绿色经济中寻找新的消费增长点。"3060"碳达峰、碳中和时间节点已经锁定，贴近国人生活的就是新能源汽车、充电桩、节能减排的家用电器等，均为单品价格较高的消费产品，"电器下乡""汽车下乡"开展了多轮活动，让下沉行政区域的居民感受到了绿色经济带来的改革红利。

再次，推动消费升级后的高端消费品市场蓬勃发展。经济增速下滑对已经有房有车的大多数居民来讲，并未有根本影响。反而让其更加重视生活品质。除了房子和车子之外，对饮食健康、心理健康的关注都超过了以往。有机农产品和生鲜产品通过冷链物流的快速到达给消费升级创造了必要条件，突破自我寻找人生新境界的邮轮旅行、滑雪、高尔夫运动、马拉松等活动，都能让消费者获取生理和心理上的愉悦感。"国潮"品牌的推陈出新逐渐在蚕食海外奢侈品牌的消费群体，让年轻人更具民族自豪感和荣誉感，这些都在一定程度上保证了社会群体的稳定性。推动"银发经济"增进老年人福祉，围绕康养医疗做好人员培训、医疗用品生产和服务升级工作，将养老生活质量和老年人消费能力匹配起来。

最后，需要通过对交通基础设施的逐步完善，创造全国统一大市场的条件，保证物流畅通及时，加速建设公平、透明的营商环境，这些都需要国家和社会投入大量的人力、物力、财力，投资回报年限较长，却能够对社会效益和经济效益产生深远的影响，有利于商品要素在全国范围内高速流通。2024年1月29日，中国国家铁路集团有限公司在全国规划的39个铁路物流中心全部挂牌成立，标志着铁路已经覆盖全国各主要城市，为统一大市场打下了稳健运营的基础。

投资带来产品迭代可以为出口提供"弹药"，让身为拉动经济"三驾马车"之一的出口也成为增量，通过国内完整健全的供应链，可以通过国外主流网站如亚马逊或者通过独立网站进行品牌推广和销售。大批海外华人在海外做国内品牌的代理生意，产品的输出也是民族文化输出的一种方式，将民族特色和科技实力融入出口产品中，潜移默化中将中国作为"世界工厂中国制造"向"中国创造""中国智造"理念进行输出。改变国外对国内科技产品匮乏，只生产日用品的偏见。让我们自主研发的C919、C929、高铁列车、邮轮等"走出去"，丰富世界人民选择的"购物车"。

有投资就有增长，有增长就有就业。稳住投资方向，加大投资力度，拓展投资范围，增加就业岗位，才能让"啃老族""35岁失业群体"找到能养家糊口的饭碗。《"十四五"就业促进规划》提出，到2025年，城镇新增就业5 500万人以上，并努力实现更大规模的就业增长。劳动者创造的社会财富除了能够增加家庭收入外，还能够促进所在企业平台稳定可持续的发展，继而对社会贡献力量。

2020年4月10日，在中央财经委员会第七次会议上，习近平总书记强调，要"构建以国内大循环为主体、国内国际双循环相互促进的新发展格局"。消费、投资、出口缺一不可，考验中国人民智慧的时候到了，产业不断结合科技实现转型升级，科技借助产业实现收益增长。对国家而言，资源应得到有效利用。国富民强才是国家追求的目标。让每个人过得有尊严、够体面、有质量，正是国家、开明、民主、富强的最好体现。

做现代强国，不但需要投资到让人民切实感受得到温度的消费领域，更要投资到让人民生活和国家三大产业出现质的飞跃的科技领域。我们不应只满足于国内的领先水平和先进人才，更要学习世界级先进知识和经验，努力创造出世界领先的技术和产品。

话不多说，"天下兴亡，匹夫有责"，我们现在唯一能做的就是为中华民族伟大复兴而奋斗。

附 录

1. GP（General Partner）：普通合伙人。有限合伙制基金中承担基金管理人角色的投资管理机构。

2. LP（Limited Partner）：有限合伙人。有限合伙制基金中的投资者。

3. 天使投资：是权益资本投资的一种形式，指对原创项目或小型初创企业进行种子轮的前期投资。

4. VC（Venture Capital）：风险投资。由风险投资机构投入到新兴的、迅速发展的、具有巨大竞争潜力的企业中的一种权益资本，即对成长期企业的投资。

5. PE（Private Equity）投资：私募股权投资。与上述 VC 的定义对比来讲，此处指狭义的私募股权投资。狭义的 PE 主要指对已经形成一定规模的，并产生稳定现金流的成熟企业的私募股权投资。而广义的 PE 指涵盖企业首次公开发行前各阶段的权益投资，即处于种子期、初创期、发展期、扩展期、成熟期和 Pre-IPO 各个时期企业所进行的投资。主要可以分为三种：PE-Growth，即投资扩张期及成熟期企业；PE-PIPE，即投资已上市企业；PE-Buyout，即企业并购，是欧美许多著名私募股权基金公司的主要业务。

6. PE FOFs：私募股权母基金。指将投资人手中的资金集中起来，分散投资于数只 PE 基金的基金。这种类型的基金可以根据不同 PE 基金的特点构建投资组合，有效分散投资风险。

7. 承诺出资制：承诺出资是有限合伙形式基金的特点之一。在资金筹集的过程中，普通合伙人会要求首次成立时先有一定比例的投资本金到位，而在后续的基金运作中，投资管理人根据项目进度的需要，以电话或其他形式通知有限合伙人认缴剩余部分本金。与资金一次到位的出资方式相比，承诺出资制大大提高了资金的使用效率。例如分三次分别出资 40%、30%、30%，每次出资相隔 6 个月。如果投资者未能及时按期投入资金，按照协议他们将会被处以一定的罚款。

8. 优先收益：又称"门槛收益率"。优先收益条款确保了一般合伙人只有在基金投资表现优良之时，才能从投资收益中获取一定比例的回报。通常当投资收益超过某一门槛收益率（有限合伙人应当获取的最低投资回报）后，基金管理人才能按照约定的附带权益条款从超额投资利润中获得一定比例的收益。例如某 PE 产品规定，在投资人首先收回投资成本并获得年化

5%优先回报的情况下,获取10%的净利润作为超额收益分配。

9. IPO（Initial Public Offerings）：首次公开募股。指一家企业或公司（股份有限公司）第一次将它的股份向公众出售,也就是俗称的上市。通常,私募股权投资机构会期望以合理价格投资于未上市企业或公司,成为其股东,待企业或公司 IPO 后以高价退出,获得高额回报。

10. 并购：一般指兼并和收购。兼并指两家或更多的独立企业合并组成一家企业,通常由一家占优势的公司吸收一家或多家公司。收购指一家企业用现金或有价证券购买另一家企业的股票、资产,以获得对该企业的全部资产或者某项资产的所有权,又或者对该企业的控制权。并购也是私募股权机构的一种主要退出方式。

11. 联合投资：对于一个投资项目,可能会有多个机构同时关注,当多个投资机构决定共同投资于该企业时,这样的投资方式被称作联合投资。一般来说,联合投资会有领投机构和跟投机构的区分,领投机构会负责分析待投资企业商业计划书的可行性,跟投机构则主要参与商议投资条款。

12. ROI（Return on Investment）：投资回报率。是指通过投资而应获得的价值,即企业从一项投资活动中得到的经济回报,涵盖了企业的获利目标。利润和投入经营所必备的财产相关,因为管理人员必须通过投资和财产增值获得利润。投资可分为实业投资和金融投资两大类,人们平常所说的金融投资主要是指证券投资。投资回报率＝年利润或年均利润/投资总额×100%,从公式可以看出,企业可以通过降低销售成本提高利润率,通过提高资产利用效率来提高投资回报率。投资回报率的优点是计算简单。投资回报率往往具有时效性——回报通常是基于某些特定年份。

13. ROE（Return on Equity）：净资产收益率,又称股东权益报酬率、净值报酬率、权益报酬率、权益利润率、净资产利润率。是净利润与平均股东权益的百分比,是公司税后利润除以净资产得到的百分比率。该指标反映股东权益的收益水平,用以衡量公司运用自有资本的效率。指标值越高,说明投资带来的收益越高。该指标体现了自有资本获得净收益的能力。

14. IRR（Internal Rate of Return）：内部收益率。是资金流入现值总额与资金流出现值总额相等、净现值等于零时的折现率。

15. Hurdle Rate：门槛收益率。基金设立时即设定的给基金管理人支付收益分成时,基金需要达到的最低收益指标,实际收益达到该最低回报率之后即可获取收益分成,否则基金管理人就不可获取收益分成。

16. CI（Carried Interest）：附带权益。基金的投资回报中超过门槛收益率外由基金管理人获取的业绩提成部分。

17. FOF（Fund of fund）：基金中的基金，是一种专门投资于其他基金的基金。

18. MBO（Management Buy-Outs）：管理者收购。是公司的经营管理层利用自有或者募集资金购买公司股份，以实现对公司所有权结构、控制权结构和资产结构的改变，是实现经营管理者以所有者和经营者合一的身份主导重组公司，进而获得产权预期收益的一种收购行为。

后　记

三年时间一口气出了三本书《投资人的逻辑》《股权投资术》《与时间和风口做朋友》，感觉肚子里的墨水都用光了。接到上海远东出版社曹建社长的邀稿，希望2024年能出版"投资三部曲"，《大国投资》是第二部，第一感觉是压力山大。在开始动笔的时候，发现完成这样的书还是有心有力、绰绰有余的，经过20年在央企、地方国资的金融工作经验，对投资项目的敏感性也让我对提炼投资方法论和投资逻辑有了一套自己的理论。

很多朋友说我写书比较快，那是源于父母小时候对我的培养。母亲工作繁忙，周末经常把我寄放在新华书店。小县城里的书店店员都是母亲的朋友，把我扔在书的海洋里，真的是不会游泳也会漂浮了。我经常说，"只要手放到键盘上就有灵感，就可以开始写"，每个小时能写两千到三千字。当然，我也不能背离有知识输入才能够有经过加工的知识输出，在结合自身知识背景和工作经验的基础上，运用逻辑和思维，再经过自身语言的加工和表述，很快就能形成符合我表达方式的著作。

  我最爱写的其实是小说、散文，作为曾经的文学青年，2007年在作家出版社出版过《相恋时我们一起走过》，后来又成文了历史小说和职场小说，也在积极努力付梓。工作角色变化后，我希望能够把文学素养融入到工作当中来，也能够把投资融资的事情讲得让外行人看得懂，让每个人都能够把资产管理得更加精致。

  在此，感谢一直以来支持我的好朋友们（排名不分先后）：邹航、张喜芳、吴海、丁麒铭、张予豪、张凡、唐宾、吕晓彤、王耀军、李岚、许航、焦思博、史可新、胡志伟、张运霞、孟宪伟等。